Die 24 schönsten Vorlesegeschichten
zur Weihnachtszeit

Neue Lieblingsbücher entdecken, in spannenden Leseproben stöbern,
tolle Gewinne sichern und allerhand Lustiges und Wissenswertes
erfahren – das bieten unsere neuen Newsletter für große und kleine
Leseratten. Kostenlos anmelden unter www.thienemann.de

Rothmund, Sandra (Hrsg.):
Die 24 schönsten Vorlesegeschichten zur Weihnachtszeit
ISBN 978 3 522 18347 5

Gesamtausstattung: Renate Cossmann
Einbandtypografie: Michael Kimmerle
Innentypografie: Sabine Conrad
Schrift: Warnock Pro
Satz: KCS GmbH, Buchholz/Hamburg
Reproduktion: Photolitho AG, Gossau/Zürich
Druck und Bindung: Livonia Print, Riga
© 2013 by Thienemann Verlag
(Thienemann Verlag GmbH) Stuttgart/Wien
Alle Rechte vorbehalten. Printed in Latvia.
5 4 3 2 1°   13 14 15 16

Cornelia Funke · Paul Maar · Otfried Preußler u.v.a.

Die 24 schönsten Vorlesegeschichten zur Weihnachtszeit

Mit Bildern
von Renate Cossmann

Thienemann

Inhalt

Cornelia Funke

Das erste Fenster

Julia konnte nicht einschlafen. Zum Abendessen war sie nicht runtergegangen und auch nicht zum Waschen. Nicht mal zum Fernsehen. Sie war wütend, enttäuscht und beleidigt. Sie hatte ihre Zimmertür abgeschlossen mit dem Schlüssel, den sie für Notfälle hinter ihren Büchern versteckt hatte. Und dann hatte sie das Licht ausgemacht, sich aufs Fensterbrett gesetzt und hinausgestarrt auf die wirbelnden Flocken, den schwarzgrauen Himmel und die kahlen, schwarzen Bäume. Und sich vor Wut fast ein Loch in den Bauch geärgert.

Als Mama sie zum Abendessen holen wollte, gab sie einfach keine Antwort. Und als Papa hochkam und sagte, sie solle jetzt, verdammt noch mal, rauskommen, sagte sie nur laut: »Ich will aber nicht!«

Ihre Eltern klopften noch zweimal.

Sogar Olli kam und bot ihr die Schokolade aus einem seiner Türchen an. Wie großzügig! Aber sie schloss nicht auf. Schließlich ließen sie sie in Ruhe.

Und jetzt lag sie im Bett, starrte die Decke an und konnte nicht einschlafen. So ein Mist.

Im Haus rührte sich nichts mehr. Sogar ihre Eltern waren schon schlafen gegangen.

Julia setzte sich auf. Keiner würde merken, wenn sie sich den Kalender doch mal ansehen würde. Das war immer noch interessanter, als nur hier rumzuliegen und Löcher in die Decke zu starren. Vorsichtig schob sie die Beine aus dem Bett. Brrr. Fast hätte sie sie gleich wieder zurückgezogen. Es war lausig kalt. Hastig schlüpfte sie

8

in ihre Pantoffeln und zog sich den Morgenmantel an. Hellblau. Sie hatte einen roten gewollt. Aber Mama fand Blau hübscher. Na ja.

Leise, ganz leise schlich sie zur Tür. Der Holzboden knarrte etwas, und direkt unter ihrem Zimmer schliefen ihre Eltern. Vorsichtig drehte sie den Schlüssel im Schloss herum.

Besser, sie machte kein Licht an im Flur. Also im Dunkeln die Treppe hinunter und über den schmalen Flur zur Küchentür. Zum Glück stand sie offen.

In der Küche war es stockdunkel. Julia tastete mit den Fingern über den Küchentisch, bis sie plötzlich die Pappe des Kalenders fühlte. Sie klemmte sich das Ding unter den Arm und schlich genauso lautlos zurück, wie sie gekommen war. Sie schloss die Tür wieder hinter sich zu und knipste die kleine Lampe neben ihrem Bett an. Dann kroch sie schnell samt Morgenmantel unter ihre Decke.

Ein bisschen aufgeregt war sie nun doch, und ein ganz kleines bisschen neugierig. Sie zog die Knie an und lehnte den Kalender dagegen. Dann begann sie ihn zu betrachten. Misstrauisch. Mit grimmiger Miene.

Das eine stand schon mal fest. Er war groß. Viel größer als ein Schokoladenkalender.

Julia zog eine Hand unter der warmen Decke hervor und fuhr mit dem Finger über den silbernen Glitzerstaub, der überall auf dem Kalender war. Im Himmel, auf den Bäumen und auf dem Haus. Er glitzerte und schimmerte wie silberner Schnee.

Schön!, dachte Julia und ärgerte sich darüber. Sie betrachtete das Haus. Es war schmal und hoch, so hoch, dass die kahlen Bäume drumherum gerade bis zur zweiten Fensterreihe reichten. Das Dach war sehr spitz und dunkelrot, mit großen Schornsteinen. Das Haus sah nett aus, aber auch ein bisschen traurig. Es sieht aus, als ob es friert, dachte Julia. Dreiundzwanzig Fenster hatte es und eine hohe dunkelblaue Tür.

Julia zählte acht Stockwerke.

Pah, solche Häuser gibt es überhaupt nicht, dachte sie, nirgendwo.

Auf jedem der geschlossenen Fenster war eine Zahl, groß und golden. Und auf der Tür prangte die 24. Die 1 war ganz oben unter dem Dach. Bei Schokoladenkalendern waren die Zahlen ganz durcheinander. Aber bei diesem waren sie genau in der richtigen Reihenfolge.

Julia holte wieder ihre Finger unter der Decke hervor und fuhr damit über die Fensterrahmen. Sie hatte fast schon vergessen, dass sie den Kalender nicht leiden mochte.

So langsam begann sie eine Frage brennend zu interessieren: Was war hinter den dunklen Fenstern? Vielleicht die Bewohner von diesem komischen Haus? Sie ließ ihre kalten Finger wieder unter der Decke verschwinden und starrte von einem Fenster zum anderen. Was war dahinter?

Na, was schon, dachte sie, irgendwelche blöden Bilder!

Aber welche?

Bei einem Schokoladenkalender wusste man immer ungefähr, was hinter den Türchen war. Die Bilder waren ja nie besonders aufregend. Aufregend war nur die Schokolade. Obwohl sie immer ziemlich muffig schmeckte. Aber hier … Was war bloß hinter den Fenstern? *Wer* war hinter den Fenstern?

Julia schob ihr Gesicht ganz nah an den Kalender heran, bis ihre Nase an die Pappe stieß. Und dann versuchte sie, in das Fenster mit der 1 zu schielen. Ging natürlich nicht.

Ärgerlich richtete Julia sich auf. So ein Blödsinn. Sie tat ja so, als ob das ein wirkliches Haus wäre. Aber es war nur ein Pappkalender, nicht mal dick genug für Schokoladentäfelchen, geschweige denn für Zimmer.

Hm. Was war bloß auf den Bildern hinter den Fenstern? Eins könnte sie doch wenigstens mal aufmachen. Nur ein Stückchen, einen Spaltbreit, damit sie es nach dem Hineinschielen gut wieder zubekam.

Julia sah auf ihren großen Wecker. Na bitte. Es war schon nach Mitternacht. Also war jetzt der erste Dezember.

Wieder wanderten ihre Hände von der Wärme in die Kälte. Nervös machte sie sich an dem Fenster mit der 1 zu schaffen. Den Fingernagel unter die Ecke, ein Griff mit dem Daumen und das Fenster klappte auf.

Julia blickte in eine düstere Rumpelkammer. Ein paar Kartons, eine alte Badewanne mit Klauenfüßen, ein verschnürter Sack, jede Menge Gerümpel. Und an einem klapprigen Kleiderständer hing ein riesiger, schwarzer Mantel. Das war alles. Julia starrte das Bild ungläubig an.

Der blöde Kalender hatte sie hereingelegt! Sie neugierig gemacht, ganz zappelig vor Neugier und dann das. Sie hatte von Anfang an recht gehabt. Es war ein blöder, langweiliger Schwachsinnskalender. Dachten die,

die solche Kalender machten, etwa, Kinder fanden so was gut? Bilder von rumpeligen Dachböden statt Schokolade? Ärgerlich drückte Julia das Fenster wieder zu.

Ich werde ihn wieder in die Küche legen, dachte sie. Und morgen mach ich die 1 noch mal auf, und Mama wird sehen, was sie mir da gekauft hat. Sie schwang die Beine aus dem Bett, und der Kalender rutschte zu Boden.

Wie er glitzerte! Als wären tausend Sterne auf ihren Teppich gefallen. Und das Haus sah so geheimnisvoll aus und so traurig. Und die 23 Fenster schienen alle etwas Wunderbares zu verbergen.

Julia zögerte. Dann stand sie auf, stellte einen Stuhl neben ihr Bett und lehnte den Kalender gegen die Stuhllehne. Danach kroch sie zurück unter die Decke und knipste das Licht aus.

Der Kalender funkelte und blitzte in der Dunkelheit. Na ja, dachte Julia müde, seine Bilder taugen nichts, aber glitzern tut er wirklich wunderschön. Und dann schlief sie endlich ein.

Marliese Arold

Die Weihnachtspiraten

Jetzt dauert es gar nicht mehr lange bis Weihnachten«, sagt Tante Claudia zu ihrem Neffen Tobias.

»Schenkst du mir dieses Jahr wieder einen Adventskalender?«, bettelt Tobias.

»Na gut«, antwortet Tante Claudia. »Wenn ich morgen in die Stadt fahre, darfst du mit und einen Kalender aussuchen.«

Am nächsten Tag fahren Tobias und Tante Claudia mit dem Bus in die Stadt, wo es viele Geschäfte gibt. Alles ist schon weihnachtlich geschmückt.

Am liebsten wäre Tobias die ganze Zeit nur mit der Rolltreppe gefahren.

»Du wolltest doch einen Adventskalender«, erinnert Tante Claudia ihren Neffen.

Tobias nickt.

In einem Kaufhaus finden sie eine Weihnachtsabteilung. Tobias macht große Augen. So viele Kalender! Für welchen soll er sich nur entscheiden? Für einen Kalender mit Schokolade wie im letzten Jahr? Oder lieber für einen Kalender mit lauter kleinen Säckchen, wie es einen im Kindergarten gibt?

Da entdeckt Tobias einen Kalender mit einem Piratenschiff.

»Den will ich haben!«, ruft er sofort.

»Na, der Kalender sieht nicht gerade besonders weihnachtlich aus«, meint Tante Claudia. »Nimm doch lieber den hier.« Sie deutet auf einen Kalender, auf dem viele Engel und ein Nikolaus mit einem roten Mantel zu sehen sind.

Doch Tobias schüttelt den Kopf. Er will den Kalender mit dem Piratenschiff und keinen anderen!

Tante Claudia nimmt den Kalender vom Haken herunter, geht zur Kasse und bezahlt.

Die Verkäuferin steckt den Piratenkalender in eine bunte Tüte. »Damit wirst du ja was erleben«, sagt sie und zwinkert Tobias zu.

Danach bummeln Tante Claudia und Tobias noch über den Weihnachtsmarkt.

Tobias muss dauernd daran denken, was die Verkäuferin gesagt hat.

Was hat sie damit nur gemeint?

Zu Hause hängt Tobias den Piratenkalender über sein Bett. Ganz alleine kann er schon den Nagel in die Wand schlagen. Das hat er von seinem Opa gelernt.

Stolz betrachtet Tobias den Kalender. Er sieht ganz toll aus, findet er. Die Piratenflagge mit dem Totenkopf. Die wilden Seeräuber auf dem Schiff. Und vorne im Wasser sieht man sogar eine Haifischflosse!

Da kommt Maja ins Zimmer, Tobias' ältere Schwester.

»Wo hast du denn den Kalender her?«, fragt sie.

»Den hat mir Tante Claudia gekauft«, antwortet Tobias.

Maja verzieht das Gesicht. »Mein Adventskalender ist aber viel schöner.«

In Majas Zimmer hängt auch ein Adventskalender. Er ist bunt wie ein Regenbogen mit vielen glitzernden Schneeflocken. So ein Mädchen-Kalender wäre gar nicht nach Tobias' Geschmack!

Tobias kann es gar nicht erwarten, das erste Türchen an seinem Kalender aufzumachen.

Am 1. Dezember ist es endlich so weit. Tobias kniet sich gleich nach dem Aufwachen aufs Bett und sucht nach dem Türchen mit der »1«. Es ist im Schiffsbauch. Als Tobias das Türchen aufmacht, grinst ihn ein Pirat mit einer schwarzen Augenklappe frech an.

»Cool!«, sagt Tobias.

Im Kindergarten wird heute für das Krippenspiel geübt. Tobias darf einen Hirten spielen. Er findet Schafehüten aber langweilig. Viel lieber wäre er ein Pirat – aber Piraten gibt es beim Krippenspiel leider nicht.

Als Tobias vom Kindergarten nach Hause kommt, läuft er als Erstes in sein Zimmer und schaut nach seinem Piratenkalender. Komisch! Hinter dem geöffneten Türchen ist nur noch ein weißer Fleck. Der Pirat ist weg! Wie kann das sein?

Eigentlich darf man ja die anderen Türchen am Kalender noch nicht aufmachen, aber jetzt öffnet Tobias ein Türchen nach dem anderen. Er sieht einen rostigen Anker, einen Seestern, ja sogar eine Schatzkiste. Aber keinen Piraten!

Tobias reibt sich die Augen. Hat er sich das mit dem Piraten heute Morgen vielleicht nur eingebildet? Oder steckt Maja dahinter und ist schuld an dem weißen Fleck? Doch dann vergisst Tobias die Sache, denn Opa und Oma kommen zu Besuch. Das ist immer sehr schön.

Am nächsten Tag vermisst Tobias seinen neuen blauen Radiergummi, der aussieht wie ein Delfin. Ob Mama ihn vielleicht aus Versehen mit dem Staubsauger aufgesaugt hat?

Am folgenden Tag sucht Tobias seinen Schlüsselanhänger mit der schwarzen Fledermaus. Weg! Sosehr Tobias auch sucht, er kann die Fledermaus nirgends finden. Tobias ärgert sich.

Auch an den nächsten Tagen verschwinden Sachen über Nacht: ein goldener Schokoladentaler, ein Bleistiftspitzer und ein kleiner Plastiksaurier. Das kann doch nicht mit rechten Dingen zugehen!

Maja schwört, dass sie nichts damit zu tun hat.

Als auch noch Tobias' Fußball-Sammelbilder weg sind, hat Tobias genug. Er wird sich auf die Lauer legen und den gemeinen Dieb erwischen. Und wenn er die ganze Nacht wach bleiben muss!

Mama liest Tobias eine Weihnachtsgeschichte vor. Dann gibt sie ihm einen Gutenachtkuss und knipst das Licht aus.

Tobias starrt mit offenen Augen in die Dunkelheit. Er darf auf keinen Fall einschlafen!

Ob der Dieb durchs Fenster kommt? Oder ganz normal durch die Tür? Tobias lauscht mit klopfendem Herzen. Er hört, wie drüben im Wohnzimmer seine Eltern lachen. Aus Majas Zimmer kommt leise Musik. Draußen schlägt die Kirchturmuhr. Tobias ist so angespannt, dass er sich verzählt. Sind es neun Schläge? Oder sogar schon zehn?

Plötzlich raschelt es über ihm. Tobias hat das Gefühl, dass sich etwas an der Wand bewegt – dort, wo der Kalender hängt. Schnell knipst er die Taschenlampe an und richtet den Lichtstrahl auf das Piratenschiff.

Tobias traut seinen Augen nicht! Ein winzig kleiner Pirat mit einer schwarzen Augenklappe rutscht gerade am Mast herunter. Geblendet vom Lichtstrahl, hält sich der Pirat die Augen zu.

»Tu mir nichts!«, ruft er erschrocken. »Ich kann dir einen Schatz zeigen, wenn du willst.«

»Einen Schatz?«, fragt Tobias neugierig.

»Ja«, sagt der Pirat. »Fass an!«

Und er wirft Tobias einen Rettungsring zu. Der Ring landet auf der Bettdecke. Er ist so klein wie der Beißring von Tobias' kleiner Schwester, die gerade die ersten Zähne bekommt.

Tobias greift nach dem Rettungsring. Kaum hat er ihn angefasst, merkt er, wie er anfängt zu schrumpfen. Es dauert gar nicht lange, da ist Tobias so klein, dass er durch den Rettungsring passt.

Jetzt erscheinen noch andere Piraten an Bord. Gemeinsam ziehen sie Tobias hoch, bis er über die Reling klettern kann.

»Herzlich willkommen auf unserem Schiff«, sagt der Pirat mit der schwarzen Augenklappe. »Ich bin Bruno Bartlos, der schrecklichste aller Weihnachtspiraten!«

»Ich hab's schon gemerkt«, meint Tobias. »Du klaust mir jede Nacht meine Sachen, stimmt's?«

Bruno Bartlos wird rot. »Piraten klauen eben. Sie heißen nicht umsonst Seeräuber. Und du hast dir den Piratenkalender ja ausgesucht.«

»Ich will meine Sachen aber wiederhaben«, verlangt Tobias.

»Komm erst mal mit«, sagt Bruno.

Er führt Tobias durch

das ganze Schiff. Tobias sieht, dass zwei Piraten auf seinem Delfin-Radiergummi sitzen. Sein Bleistiftspitzer dient als Abfalleimer. Die schwarze Fledermaus ist an der Vorderseite des Schiffs angebracht und ist jetzt die Galionsfigur. Und mit den schönen Fußballbildern haben die Piraten ihre Kajütenwände tapeziert!

»Frechheit«, sagt Tobias und schüttelt den Kopf. »Das kommt alles zurück, aber dalli!«

Im Bauch des Schiffs befindet sich die Schatzkiste. Sie ist bis zum Rand gefüllt mit Gold und Edelsteinen. Tobias' Plastiksaurier steht daneben und bewacht die Kiste.

»Der gehört auch mir«, sagt Tobias und deutet auf den Saurier.

Bruno verzieht das Gesicht. »Den kriegst du ja wieder«, brummt er. »Wir haben ihn nur ein bisschen ausgeborgt.« Er macht den anderen Piraten ein Zeichen.

Murrend tragen sie alles zusammen, was sie Tobias geklaut haben, und werfen die Sachen über Bord – auf Tobias' Bett.

»Okay«, sagt Tobias zufrieden. »Und jetzt will ich auch wieder zurück.«

»Willst du nicht mit uns auf große Fahrt gehen?«, fragt Bruno. »Wir könnten dir die Totenkopfinseln zeigen oder das Teufelsmeer …«

Tobias schüttelt den Kopf. »Lieber nicht.«

Bruno zuckt mit den Schultern. »Ganz wie du willst.«

Die Piraten lassen Tobias mit dem Rettungsring hinunter. Tobias ist froh, als er wieder im Bett liegt. Während die Piraten den Ring hochziehen, merkt Tobias, dass er wieder seine normale Größe hat. Gott sei Dank!

Und er hat auch all seine Sachen wieder.

»Ahoi!«, rufen die Piraten und winken Tobias ein letztes Mal zu. Dann wird es endlich still an Bord.

Am nächsten Tag hängt Tobias den Piratenkalender ab und versteckt ihn im Keller. Dann kauft er sich im Supermarkt einen glitzernden Adventskalender mit verschneiten Tannenbäumen.

»Wo ist denn dein schöner Piratenkalender?«, fragt Tante Claudia bei ihrem nächsten Besuch.

»Den habe ich in den Keller gebracht«, sagt Tobias. »Er hat mir dann doch nicht mehr so gefallen.«

Er überlegt, ob er ihr erzählen soll, was er mit den wilden Piraten erlebt hat.

Aber Tante Claudia wird ihm diese Geschichte bestimmt nicht glauben. Und du?

Petr Chudožilov

In einer frostigen
Winternacht

Draußen herrschte klirrende Kälte. Vom Nachthimmel schwebten Schneeflocken, groß wie Eisportionen für drei Euro. Der Frost hauchte Eisblumen auf die Fensterscheiben. Ins Zimmer fiel glänzender Mondschein, der keine Wärme schenkte. Im Ofen war längst das letzte Kohlenstück verglimmt. Es war kalt, dunkel und still. Mit tiefen, dröhnenden Schlägen bemaß die Uhr den Schritt der Zeit. Das Kind im Bett fühlte sich sehr bedrückt. Aus irgendeinem unbekannten Grund war seine Mutter noch nicht von der Arbeit zurück. Der Vater war vor langer Zeit irgendwohin weggezogen, die Erinnerung an ihn wurde immer blasser und unbestimmter. Das Kind war hungrig. Es rollte sich in einer Ecke des Betts zusammen. Leise wie ein Kaninchen wimmerte es.

Da ertönte aus der Küche ein unbekannter, vorsichtiger Schritt. Das Kind sah durch die halb offene Tür, dass ein Fremder mit einer kleinen Taschenlampe leuchtete. Jetzt schlüpfte die Gestalt geräuschlos ins Zimmer. Es war ein alter Einbrecher mit flacher Schildmütze. Sein Gesicht war hinter einer schwarzen Räubermaske versteckt. Munter lugten die Augen in alle Ecken. An seinem Gürtel baumelte ein Bund falscher Schlüssel.

»Irgendwo habe ich ein Kaninchen gehört!«, brummte der Dieb für sich. Kaninchen zu stehlen, war seine Lieblingsarbeit. Schon leckte er sich die Lippen! Der Einbrecher hatte sehr simple Gewohnheiten. Er öffnete mit falschen Schlüsseln fremde Wohnungen. In ein Leintuch wickelte er leise alles, was darin Platz hatte. Dann verschwand er wieder. Man muss noch hinzufügen, dass er kein besonders schlechter Mensch war. Das Einbrecherhandwerk hatte er nur erlernt, weil er auf anderen Fachgebieten keinen Erfolg hatte. Außerdem stotterte er auch noch ein bisschen. Weshalb sich einige Leute manchmal über ihn lustig machten.

Als er das Kind im Bett entdeckte, erschrak er fürchterlich. Vor lauter Angst begannen seine Zähne zu klappern und seine Knie zu zittern. Es ist nicht einfach, ein Dieb zu sein!

Das Kind aber lachte. Es stellte sich im Bett auf und streckte dem Besucher vertrauensvoll die Arme entgegen. Es war so froh, endlich Gesellschaft zu haben!

Auch der Dieb brach schließlich aus lauter Verlegenheit in Lachen aus. Das Lachen, sagt man, ist manchmal ansteckend. Da entdeckte der Dieb in den Augen des Kindes trocknende Tränen. Er schlug die Hände über dem Kopf zusammen.

»Aber, aber!«, sagte er tadelnd. »Da hat ja jemand geweint!«

»Meine Mama ist heute nicht von der Arbeit gekommen!«, schluchzte das Kind.

»Sie kommt bald. Ganz sicher!«, versicherte der Einbrecher mit fester Stimme. Sie hat sich nur ein bisschen verspätet, du wirst sehen.«

»Du kennst meine Mama?«, fragte das Kind erstaunt.

»Aber sicher!«, log der Einbrecher tapfer. Er wurde dabei nicht einmal rot. »Sie ist eine alte Freundin von mir.«

Die Uhr schlug wieder. Der Einbrecher zuckte zusammen. »Na, jetzt muss ich aber wirklich gehen!«, erklärte er mit einem entschuldigenden Lächeln.

»Bitte, sag meiner Mama, sie soll schnell kommen, um mir den Gutenachtkuss zu geben!«, bettelte das Kind.

»Klar! Ich werd's ihr ausrichten«, versprach der Dieb mit ungewöhnlich leiser Stimme. Er drehte sich um und wollte gehen. Weshalb er ein wenig zögerte, wusste er selbst nicht.

Das Kind begann wieder, herzzerreißend und leise zu wimmern. Es hatte nämlich furchtbare Angst, allein im Zimmer zu sein.

»Bitte!«, rief es dem Dieb nach. »Könntest nicht du mir statt der Mama den Gutenachtkuss geben?«

Mit langsamen Schritten kehrte der alte Einbrecher zurück.

»Das könnte ich«, sagte er mit erstickter Stimme. So etwas war ihm in seiner langen Diebeslaufbahn noch nie passiert! Er nahm die Räubermaske ab. Er küsste das Kind auf die Stirn, so zärtlich er konnte. Mit seiner leichten Einbrecherhand strich er ihm übers Haar.

Das Kind lachte selig.

»Hahaha!«, lachte der alte Dieb mit. Da rutschte ihm plötzlich ein »Halleluja!« heraus. Der Dieb wunderte sich ungemein. So etwas hatte er gar nicht beabsichtigt. Einige Worte bilden sich im Mund von selbst, ohne dass wir Einfluss darauf haben. Manchmal sind solche unverhofften Worte viel besser als solche, die wir uns vorher sorgfältig zurechtgelegt haben.

»Halleluja?«, wunderte sich das Kind. »Hör mal, wer bist du eigentlich?«

»Ich?«, fragte der Dieb zurück. Die Frage oder wenigstens einen Teil davon zu wiederholen, ist ein alter Gaunertrick, der sich bezahlt macht in Situationen, in denen man ein bisschen Zeit zum Überlegen gewinnen muss. »Wer ich bin? Ja, weißt du, ich bin ein Engel.«

Er wusste überhaupt nicht, weshalb er das sagte. Er war selbst total überrascht. Er bewegte sogar die Arme ein bisschen, als wären sie Flügel.

»Ein Engelchen!«, rief das Kind vergnügt. Vor Freude hüpfte es so hoch, dass fast das Bett umgekippt wäre. »Ein richtiges Engelchen!«

Der Einbrecher legte den Bund falscher Schlüssel zur Seite, damit er bei der Arbeit nicht in die Quere kam.

Zuerst machte er im Ofen ein ordentliches Feuer. Dann ging er auf einen Sprung in ein Geschäft, das nachts geöffnet hatte, um sich die erlesensten Delikatessen zu holen. Er kochte ein vorzügliches Abendessen. Zuerst gab es Leberknödelsuppe. Zufällig war das die Lieblingssuppe des Kindes. Dann gebackenes Huhn mit Erbsen. Vanillepudding! Ganz zum Schluss Zwetschgenkompott. Einfach erstklassig. Nach dem Essen spülten sie gemeinsam das Geschirr. Sie verstanden sich gut und unterhielten sich über alles Mögliche.

»Hör mal, bist du wirklich ein richtiger Engel?«, fragte das Kind.

»Ja«, stieß der Einbrecher zwischen den Zähnen hervor.

»Sicher?«

»Worauf du dich verlassen kannst!«

»Hm«, sagte das Kind, »und kannst du auch fliegen?«

»Und ob!«, antwortete der Engel und lächelte unüberlegt.

»Bitte, zeig mir, wie man fliegt!«, sagte das Kind. »Ich hab noch nie einen fliegenden Engel gesehen!«

Jetzt schaute das Kind sehr flehend. Es faltete sogar bittend die Hände, lief zum Fenster und öffnete es sperrangelweit. Ins Zimmer drang frostige Luft. Am Himmel prangte der Mond wie eine goldene Schüssel. Der Einbrecher wich entsetzt zurück. Er hatte keine Lust, aus dem Fenster zu springen. Wer hätte das denn schon! Er wurde von Angst geschüttelt. Sie waren ja ganz oben unterm Dach. Im fünften Stock!

»Ich glaube, heut ist es zum Fliegen viel zu kalt!«, versuchte sich der Einbrecher herauszureden. »Können wir es nicht auf ein andermal verschieben?«

Da sah er die Augen des Kindes, voller Hoffnung und Erwartung. Schon erschienen darin die ersten Spuren von Enttäuschung. Es war schrecklich lange her, dass der Dieb solche Augen gesehen hatte! Ein allein gelassenes Kind enttäuschen? Nein, das traute er sich wirklich nicht.

»Also gut!«, sagte der alte Dieb. »Ich werde aber erst morgen hierher zurückfliegen können. Erwarte mich nicht vorher!«

Dann schöpfte er tief Atem. Er nahm seinen ganzen Mut zusammen. Schloss auch die Augen. Im Geist verabschiedete er sich rasch von einigen Menschen, die er im Leben gemocht hatte. Schließlich sprang er aus dem Fenster. Sogar kopfüber! Er schnellte behände in die Tiefe, als spränge er nur ganz gewöhnlich vom Sprungbrett ins Schwimmbecken.

Vielleicht passiert ein Wunder!, fuhr es ihm durch den Kopf, als er schon flog.

Ja, tatsächlich hatte er Glück. Einige unsichtbare, aber sehr kräftige Engel hatten schon eine Zeit lang unter dem Fenster auf ihn gewartet. Der Himmel hatte die Entwicklung der Situation im Zimmer nämlich aufmerksam verfolgt. Vom obersten Herrn hatten einige Engel den Befehl bekommen, augenblicklich alles herzurichten, was in solch außergewöhnlichen Situationen vonnöten war.

»Klar, Chef!«, sagten die Engel ehrfurchtsvoll. Sie fingen den fallenden Dieb auf und flitzten mit ihm durch die frostige Winternacht. Der Dieb flatterte wie ein gewaschenes Hemd an der Wäscheleine. Herrlich segelten sie dahin. Der Dieb hatte das Gefühl, in warme Federdecken gehüllt zu sein. Einige Male flogen sie majestätisch um den Mond herum und dann wieder auf die Erde.

Lässig winkte der Dieb mit seiner Mütze zum Abschied. Um dem Kind

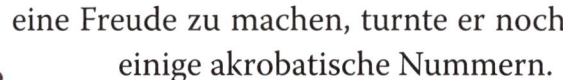

eine Freude zu machen, turnte er noch einige akrobatische Nummern.

»Flieg wieder zu mir!«, rief das Kind ihm nach.

»Darauf kannst du dich verlassen!«, versprach der Dieb. Er fürchtete sich überhaupt nicht mehr. Er hatte begriffen, dass er einem Wunder zum Opfer gefallen war, Gott weiß warum, hatte er plötzlich Lust zu weinen.

Als er über der nächtlichen Landschaft schwebte und aus der Höhe all die Schönheit unter seinen Füßen sah, regte sich etwas in der Tiefe seines Wesens. Zuerst war es eine kleine, kaum wahrnehmbare Bewegung. Er versprach sich feierlich, nie mehr zu stehlen. Das war das größte Wunder, das in dieser eiskalten Winternacht geschah. Ein noch größeres als der Flug mit den Engeln! Im Himmel brummte man zufrieden. Man setzte sich die Brille auf und las erleichtert weiter.

»Ein Engel war da!«, berichtete das Kind der Mutter, als sie endlich von der Arbeit zurückkam. »Ein alter Freund von dir!«

»Ein Engel?«, wunderte sich die Mutter. Sie war schrecklich müde. »Ein alter Freund von mir, sagst du?« Sie konnte das überhaupt nicht glauben. Wer wollte sich denn heute noch auf irgendwelche Engel verlassen! Sie sah jedoch den Kochtopf mit dem Abendessen für sie. Sie sah das gespülte Geschirr und die aufgeräumte Küche. Und sie sah auch die strahlenden Augen ihres Kindes.

Wer mag wohl das Feuer im Ofen gemacht haben?, fragte sie sich verwundert. Es blieb ihr nichts anderes übrig, als zu glauben, dass sich auch in unseren gewöhnlichen Zeiten auf der Welt noch hin und wieder ein Engel findet!

28

Am nächsten Abend klingelte es. Neugierig öffnete die Mutter die Wohnungstür.

Auf der Schwelle stand ein Mann mit einem Blumenstrauß. Es war der bekehrte Einbrecher! In der freien Hand drückte er verlegen seine Mütze.

»Guten Abend, gnädige Frau!«, sagte er ungewohnt höflich. Er reichte ihr den Blumenstrauß. »Das ist für Sie!«

»Guten Abend!«, sagte die Mutter freundlich. »Kommen Sie herein, alter Freund!« Sie zwinkerte ihm schelmisch zu. Der bekehrte Dieb wurde über und über rot.

Ingrid Uebe

Noch ein bisschen Geduld!

Als der Herbstwind eben die letzten Blätter von den Bäumen gefegt hatte, sagte der kleine Brüllbär: »Jetzt soll es schneien! Und dann soll Weihnachten sein!«

»Aber kleiner Brüllbär«, sagte die Mutter. »Der Winter hat ja gerade erst angefangen. Vielleicht schneit es bald, vielleicht auch nicht. Aber bis Weihnachten dauert es jedenfalls noch eine ganze Weile. Du musst ein bisschen Geduld haben.«

»Uaah!«, brüllte der kleine Brüllbär. »Ich will aber keine Geduld haben! Ich will, dass es schneit! Ich will, dass Weihnachten ist!«

Die Mutter schüttelte den Kopf und ging in die Küche.

Der kleine Brüllbär lief hinter ihr her. Er fragte: »Was machst du jetzt? Plätzchen backen vielleicht?«

»Nein«, sagte die Mutter, »dazu ist es noch viel zu früh. Wenn wir schon jetzt anfangen, ist Weihnachten kein Plätzchen mehr da.«

»Dann backen wir eben neue«, sagte der kleine Brüllbär. »Weihnachtsplätzchen schmecken zu und zu gut.«

Die Mutter nickte. »Sie schmecken deshalb so gut, weil man nicht alle Tage welche bekommt. Du musst ein bisschen Geduld haben.«

»Uaah!«, brüllte der kleine Brüllbär.

»Ich will aber keine Geduld haben! Ich will jetzt Plätzchen backen! Und essen will ich sie auch!«

»Du kannst ein Honigbrot kriegen«, sagte die Mutter, »und einen Apfel dazu.«

»Darauf habe ich überhaupt keinen Hunger«, sagte der kleine Brüllbär. Er lief ans Fenster und rief: »Schau nur – die Wolken! Ich glaube doch, dass es gleich schneit. Ich glaube doch, dass bald Weihnachten ist.«

»Ach, kleiner Brüllbär«, sagte die Mutter, »wann wirst du nur endlich vernünftig?«

»Ich bin ja schon vernünftig«, sagte der kleine Brüllbär. Er überlegte einen Augenblick, dann fuhr er fort: »Und jeder vernünftige Bär freut sich auf Weihnachten. Du etwa nicht?«

Die Mutter lachte. »Doch, natürlich freue ich mich. Aber ich bin auch froh, dass es bis dahin noch eine Weile dauert. Ich habe schließlich noch eine Menge zu tun.«

»Ja, Weihnachtsplätzchen backen zum Beispiel«, sagte der kleine Brüllbär. »Dabei helfe ich dir.«

»Vielen Dank«, sagte die Mutter. »Ich werde mich rechtzeitig melden.«

Als es dunkel wurde, stellte sie eine Lampe ans Fenster.

Der Vater war noch draußen im Wald.

»Vielleicht bringt er schon einen Tannenbaum mit«, überlegte der kleine Brüllbär.

»Das glaube ich nicht«, sagte die Mutter. »Heute sammelt er bestimmt nur Holz für den Kamin.«

Der kleine Brüllbär blickte hinaus in die Nacht. Als der Vater kam, lief er ihm schnell entgegen.

»Hallo, kleiner Brüllbär!«, sagte der Vater. »Hast du auf mich gewartet?«

»Ja«, sagte der kleine Brüllbär, »auf dich und den Tannenbaum.«

»Auf den Tannenbaum?«, fragte der Vater. »Aber das hat ja noch Zeit. Wir wollen doch nicht, dass er bis zum Fest alle Nadeln verliert. Du musst ein bisschen Geduld haben.«

»Uaah!«, brüllte der kleine Brüllbär. »Ich will aber keine Geduld haben! Ich will, dass du einen Tannenbaum holst! Ich will, dass er bis an die Decke reicht!«

Der Vater stapelte das Holz für den Kamin neben der Haustür. Er sagte: »Am besten suchst du den Baum mit uns aus. Dann bin ich ganz sicher, dass es auch der richtige ist.«

Der kleine Brüllbär brüllte nicht mehr. Er fragte: »Wann sollen wir gehen?«

»Ich sage dir rechtzeitig Bescheid«, sagte der Vater. »Das verspreche ich dir.«

Der kleine Brüllbär half seinem Vater das Holz aufstapeln. Er machte das gut.

»Bis Weihnachten dauert es jedes Jahr länger«, behauptete er. »Wie kommt das bloß?«

»Das scheint dir nur so«, sagte der Vater. »Als ich so alt war wie du, ist es mir genauso ergangen.«

»Was soll ich denn machen, bis Weihnachten ist?«, fragte der kleine Brüllbär.

»Dasselbe, was du sonst auch machst«, sagte der Vater. »Essen und schlafen, spielen und in die Schule gehen.«

»Das ist mir zu langweilig«, sagte der kleine Brüllbär.

»Warte nur ab!«, sagte der Vater. »Vor Weihnachten ist das alles ein bisschen anders als sonst. Und dann musst du auch noch über deinen Wunschzettel nachdenken.«

»Ach ja!«, lachte der kleine Brüllbär. »Und schreiben muss ich ihn auch!«

Mirjam Pressler

Bärenwünsche

Die Mutter hat Laura ins Bett gebracht. »Und kein Theater heute, Laura. Du weißt ja, bald ist Weihnachten. Und wenn Kinder nicht brav waren …«

Dann ist sie hinausgegangen. Laura weiß, was sie sagen wollte. Nur brave Kinder kriegen vom Christkind Geschenke.

Laura liegt im Bett. Aber sie ist überhaupt nicht müde. Abends ist sie nie müde, nur morgens, wenn sie aufstehen soll.

»Das hat sie von dir«, sagt Mama oft zu Papa. »Du kommst auch abends nicht ins Bett und morgens nicht raus.« Dann zwinkert Papa Laura zu, und Laura versucht auch zu zwinkern. Aber sie kann es nicht, sie kneift aus Versehen immer beide Augen auf einmal zu.

Im Zimmer ist es nicht ganz dunkel, denn in einer Ecke brennt das Nachtlicht. Weil Laura nämlich Angst vor der Dunkelheit hat. »Und das hat sie von dir«, sagt Papa oft zu Mama. »Du bist auch so ein Angsthase.«

Dann zwinkert Mama Laura zu, und Laura zwinkert zurück. So gut es eben geht. Sie schaut sich um. Dann setzt sie sich auf, sodass sie mit dem Rücken an der Wand lehnt, und nimmt ihren Teddybär Wuschel in den Arm.

»Bist du auch noch nicht müde?«, fragt sie und blinzelt Wuschel zu. »Von wem hast du das denn? Von deinem Papa oder von deiner Mama?«

Sie muss lachen, und Wuschel lacht auch.

»Bären haben keine Mama und keinen Papa«, sagt Wuschel. »Das weißt du doch. Ich habe nur dich und sonst niemanden. Deshalb musst du auch immer lieb zu mir sein. Und jetzt möchte ich schlafen.«

»Du sollst noch nicht einschlafen«, sagt Laura. »Ich bin noch nicht müde.«

Wuschel stöhnt. »Schon wieder! Ich verstehe das nicht. Wir Bären sind immer müde. Wir Bären können sehr gut schlafen. In der Wildnis schlafen wir jedes Jahr im Herbst ein und wachen erst im Frühjahr wieder auf.«

»Dann verschlaft ihr ja das Schlittenfahren«, sagt Laura. »Und Weihnachten. Und Schneemannbauen.«

Wuschel richtet sich stolz auf. »Wir Bären halten nichts vom Schlittenfahren«, sagt er. »Außerdem: Bärenweihnachten gibt es nicht und Schneebären erst recht nicht.«

Laura lässt sich überrascht tiefer rutschen. So tief, dass ihr Kopf auf dem Kopfkissen liegt.

Wuschel kippt nach vorn und drückt sein Gesicht an Lauras Hals. Genau an der Stelle, wo sie es am liebsten hat. Ganz weich und ein bisschen kitzelig ist Wuschels Fell. Sie legt einen Arm um seinen dicken Bauch und drückt ihn fest an sich.

»Ich erzähle dir jetzt vom Winter«, sagt sie. »Da schneit es, und alles wird weiß. Und an Weihnachten bekomme ich viele Geschenke. Von Oma und Opa, von Tante Ellen und von Onkel Robby. Und natürlich von Mama und Papa. Armer Wuschel, du tust mir wirklich leid, weil ihr Bären kein Weihnachten habt.«

Wuschel brummt sanft und müde.

»Weißt du was?«, sagt Laura. »Wir werden allen Bescheid sagen, dass sie dir dieses Jahr auch etwas schenken müssen. Was wünschst du dir denn?«

Aber Wuschel gibt keine Antwort. Er ist schon eingeschlafen.

Laura überlegt, was sich ihr Bär wohl wünschen könnte. Einen neuen Pullover. Eine Baskenmütze. Ein Bärenbett. Ein Bärendreirad. Ein paar neue Gesellschaftsspiele. Ein Quartett. Eine Puppe, die richtig pinkeln kann, so wie Conny eine hat … Und natürlich einen Puppenwagen dazu. Und einen neuen Schlitten und neue Schlittschuhe. Und ein neues rotes Fahrrad mit einem Einkaufskorb, in den er sich dann setzen kann, wenn Laura spazieren fährt, und … und … und …

Und dann ist Laura eingeschlafen.

Sabine Rahn

Stiefel für
den Nikolaus

Und der Nikolaus kommt ganz bestimmt?«, fragt Yannick und gähnt. Onkel Ashgar nickt. »Ganz bestimmt«, antwortet er.

»Und woher weiß er, dass ich heute Nacht bei dir und nicht zu Hause schlafe?«, fragt Yannick.

»Der Nikolaus weiß immer alles über Kinder!«, beruhigt Onkel Ashgar seinen Neffen.

Doch der Gedanke, dass der Nikolaus tatsächlich immer alles von Kindern weiß, beruhigt Yannick keineswegs. Im Gegenteil. Er denkt sofort an den schönen, bunten Glasfisch. Bis vor einer Stunde stand er bei Onkel Ashgar auf der Badewanne. Yannick wollte ihn vorhin nur anschauen. Dazu musste er ihn natürlich in die Hand nehmen … und dann war ihm der Fisch aus der Hand geglitten und auf die Kacheln gefallen.

Die Scherben hat Yannick sorgfältig unter die Badematte gefegt – damit Onkel Ashgar sich nachher beim Zähneputzen keine Scherben in die Füße tritt. Na ja, ein kleines bisschen vielleicht auch, damit Onkel Ashgar nicht schimpft, weil der Fisch kaputt ist.

»Vielleicht ist es doch nicht so schlimm, wenn der Nikolaus nicht hierherkommt, sondern nach Hause«, rutscht es Yannick heraus. Denn wenn der Nikolaus alles über Kinder weiß, dann weiß er das mit dem Fisch natürlich auch.

»Wieso das denn?«, fragt Onkel Ashgar überrascht.

Yannick wird rot und zuckt mit den Schultern. »Ach, weil es auch ohne Nikolaus immer so schön bei dir ist«, sagt er schnell.

»Das freut mich.« Onkel Ashgar lächelt und nimmt seinen Neffen in den Arm. »Bist du denn noch gar nicht müde?«, fragt er und sieht auf die Uhr. Es ist schon halb zehn.

Yannick schüttelt den Kopf. »Ich kann doch nicht ins Bett gehen, wenn der Nikolaus vielleicht doch noch kommt …«

Das sieht Onkel Ashgar ein. »Komm, dann erzähle ich dir noch eine Geschichte, während wir warten«, schlägt Onkel Ashgar vor.

»Au ja! Eine Geschichte von Sindbad, dem Seefahrer!«, bittet Yannick. Die Abenteuer vom mutigen Sindbad sind seit einiger Zeit Yannicks Lieblingsgeschichten, und keiner kann sie so gut erzählen wie Onkel Ashgar. – Nicht einmal Mama.

»Na gut«, sagt sein Onkel. Er macht das Licht aus. Sie zünden ein paar Kerzen an und kuscheln sich zusammen unter eine warme Wolldecke. Dann gießt Onkel Ashgar sich noch einen Schluck Tee ein und räuspert sich. »Es war einmal, vor langer, langer Zeit«, beginnt er zu erzählen, »da lebte im fernen Orient ein Mann, den nannten alle Sindbad, den Seefahrer …«

Plumps!

Yannick schlägt die Augen auf. Er ist vom Sofa gefallen. Das Ende der Geschichte hat er gar nicht mehr gehört, weil er eingeschlafen ist. Jetzt sind die Kerzen auf dem Tisch schon fast heruntergebrannt, und der Tee in den Tassen ist mittlerweile eiskalt.

Onkel Ashgar schläft auch. Er liegt auf dem Sofa und schnorchelt leise vor sich hin. »Chiah püh! Chiah püh …«, macht er.

Yannick grinst. Onkel Ashgar bestreitet immer ganz energisch, dass er schnarcht. Yannick stört das nicht. Im Gegenteil, er hört seinen Onkel gerne schnarchen. Das hat so etwas Beruhigendes, fast wie das Schnurren einer Katze, findet er. Dann fällt ihm ein, wieso sie so lange aufbleiben wollten, und er läuft schnell raus in den Flur, um nachzuschauen, ob der Nikolaus schon etwas in ihre Stiefel gefüllt hat. Onkel Ashgars große Stiefel sehen neben Yannicks kleinen noch viel größer aus. Da in Onkel Ashgars Stiefel so viel mehr reinpasst, hat er für diesen einen Abend mit seinem Neffen die Stiefel getauscht. Das ist richtig nett von ihm, findet Yannick, und er freut sich schon drauf, wenn seine eigenen Füße irgendwann mal so groß sind wie die von Onkel Ashgar.

Die beiden Stiefelpaare sind noch leer. Der Nikolaus war also noch nicht da.

Yannick will sich gerade wieder zu seinem Onkel auf die Couch kuscheln, als er ein Geräusch hört. Es kam aus dem Badezimmer.

Was kann das sein?

Ob er Onkel Ashgar wecken soll?

Doch dann denkt Yannick an den tapferen Sindbad, der die haarsträubendsten Abenteuer ganz allein bestanden hat, und er fühlt sich plötzlich auch ziemlich mutig.

»Ich kann ja erst mal nachschauen«, denkt Yannick und schleicht vorsichtig aus dem Wohnzimmer. Die Badezimmertür ist nur angelehnt und ein schmaler Lichtkegel fällt in den dunklen Flur.

»Oh, verflucht! Es blutet!«, murmelt da eine Stimme leise.

Yannick bleibt wie angewurzelt stehen und hält vor Schreck den Atem an. Da ist wirklich jemand im Badezimmer. Wer kann das sein? Ein Gespenst? Ein Nachtmonster? Oder etwa ein Einbrecher?

Mit solchen Eindringlingen wäre vielleicht Sindbad allein fertiggeworden – aber nicht ein kleiner Junge wie Yannick.

Ganz leise, ganz langsam und ganz vorsichtig geht Yannick rückwärts. Jetzt will er doch lieber Onkel Ashgar wecken. Doch noch ehe Yannick das Wohnzimmer wieder erreicht, wird die Badezimmertür aufgestoßen.

Yannick bleibt wie angewurzelt stehen. Sein Herz klopft so schnell, wie Yannick jetzt gerne rennen würde. Aber er kann nicht. Seine Füße sind wie festgeklebt. Ängstlich starrt Yannick zur Badezimmertür. Ein riesiger schwarzer Schatten fällt in den Flur. In der offenen Badezimmertür steht ein großer, dicker Mann. Er trägt einen roten Mantel, dicke, rote Wollhosen, und auf dem Kopf hat er eine rote Zipfelmütze mit Pelzbesatz und einem weißen Pelzbommel. Stiefel hat er keine an. Socken auch nicht. Das heißt doch, eine grüne Wollsocke, auf die lauter kleine, dicke, nackte Engelchen mit silbernen Flügelchen gestickt sind, hat er an. Die andere Socke hält er in der Hand. Seinen nackten Fuß setzt er nur ganz vorsichtig mit den

Zehenspitzen ein wenig auf, denn aus seiner Ferse ragt die Schwanzflosse von Onkel Ashgars schönem, buntem Glasfisch. Yannick fallen ganze Felsbrocken der Erleichterung vom Herzen, als er erkennt, wer da vor ihm steht: Es ist der Nikolaus.

»Hallo, Yannick«, grollt der Nikolaus und deutet auf seinen nackten Fuß, »ich habe mir eine Scherbe in den Fuß getreten.«

Yannick schluckt. Er weiß ja, was für eine Scherbe da in der Ferse vom Nikolaus steckt. Und er weiß auch, wer die Scherben unter die Bademattte geschoben hat. Yannick senkt den Kopf. »Der Fisch ist mir vorhin runtergefallen«, murmelt er schuldbewusst.

Bestimmt wird der Nikolaus gleich ganz fürchterlich schimpfen. Doch anstelle eines Donnerwetters sagt der Nikolaus: »Ich weiß. Ich hätte dran denken müssen, dass du die Scherben unter die Bademattte geschoben hast. Hast du ein Pflaster für mich?«

Yannick nickt. Er weiß, wo Onkel Ashgar das Pflaster aufbewahrt. In der bunten Pappschachtel im Bad. Der Nikolaus geht zurück ins Badezimmer. Der große Sack mit den Geschenken steht noch unter dem offenen Badezimmerfenster. Es ist kalt im Bad. Der Nikolaus schließt das Fenster, setzt sich auf die Badewanne und haucht sich auf die rot gefrorenen Finger.

»Meine Hände sind so kalt und klamm, dass ich mir nicht einmal diese verflixte Scherbe alleine aus der Ferse ziehen kann«, seufzt er.

Yannick nimmt die Schachtel mit dem Verbandszeug aus dem Schränkchen unter dem Waschbecken, hockt sich vor dem Nikolaus auf den Boden und schneidet ein großes Pflaster ab.

»Danke«, sagt der Nikolaus. »Könntest du vielleicht …?« Er deutet fragend auf den großen Glassplitter in seiner Ferse.

Yannick hat so etwas noch nie gemacht. Wenn er einen Splitter im Fuß oder im Finger hat, ziehen Mama oder Papa ihm den immer raus.

Der Nikolaus streckt Yannick seinen Fuß entgegen.

»Ich kann's ja mal versuchen«, sagt Yannick zögernd. Er fasst den gläsernen Fischschwanz fest mit zwei Fingern, schließt die Augen und zieht.

»Aua!«, knurrt der Nikolaus, aber da hat Yannick die Scherbe auch schon in der Hand. »Vielen Dank!«, sagt der Nikolaus und lächelt Yannick an. »Das hast du prima gemacht.«

Yannick lächelt stolz zurück.

Trotzdem hat er ein schlechtes Gewissen. Wenn ihm der schöne bunte Glasfisch nicht heruntergefallen wäre und wenn er die Scherben anschließend nicht unter die Badematte geschoben hätte, dann wäre der Nikolaus auch nicht reingetreten. … Aber wie hätte Yannick auch ahnen können, dass der Nikolaus ausgerechnet durch das Badezimmerfenster einsteigen würde? In den Weihnachtsgeschichten kommt er immer durch den Kamin.

»Warum bist du eigentlich nicht durch den Kamin gekommen?«, fragt Yannick.

»Durch welchen Kamin?«, fragt der Nikolaus zurück. »Wo gibt es heutzutage noch einen richtigen, ordentlichen Kamin? Ach, war das früher einfach, als jede Wohnung, jedes Haus noch einen offenen Kamin hatte! Aber heutzutage haben ja alle Zentralheizung. Da muss man eben sehen, wie man reinkommt.« Er seufzt wieder. »Heute geht sowieso alles schief. Erst das mit meinen Stiefeln, und jetzt trete ich mir auch noch diese Scherbe in den Fuß.«

»Was ist denn mit deinen Stiefeln?«, fragt Yannick und schaut sich suchend im Badezimmer um.

»Die habe ich verloren«, sagt der Nikolaus.

»Verloren?«, wiederholt Yannick ungläubig. Er hat ja auch schon so einiges verloren, Handschuhe, Mützen, Murmeln … einmal sogar die Brille. Aber die Stiefel?

»Ich habe eine Abkürzung genommen«, sagt der Nikolaus verlegen, »über eine Baustelle. Leider war es sehr dunkel, und ich habe nicht gesehen, dass die Auffahrt frisch betoniert war. In dem frischen Beton bin ich mit meinen Stiefeln stecken geblieben. Die einzige Möglichkeit, da wieder wegzukommen, war, die Stiefel auszuziehen. Jetzt stecken sie immer noch fest – und ich bin auf Socken weitergegangen – zum Glück regnet es nicht.«

»Oje«, sagt Yannick mitfühlend. »Das war doch bestimmt eiskalt.«

Der Nikolaus nickt. »Ein warmes Fußbad könnte ich jetzt schon vertragen.« Er krempelt die Wollhosen hoch, zieht auch die zweite Engelssocke aus und lässt sich warmes Wasser in die Badewanne. »Ah, das tut gut!«, sagt er, als er die Füße in das warme Wasser steckt.

»Ich könnte dir ja meine Stiefel leihen«, schlägt Yannick vor.

Der Nikolaus lächelt bedauernd. »Das ist nett, aber die passen mir bestimmt nicht. Schade.«

Yannick schaut auf die Füße vom Nikolaus und dann auf seine eigenen. Das ist ein Unterschied wie zwischen David und Goliath. Yannick kennt nur noch einen Menschen, der so große Füße hat: Onkel Ashgar. Und der schläft …

»Soll ich Onkel Ashgar wecken?«, fragt Yannick. »Der leiht dir seine Stiefel bestimmt.«

»Das geht leider auch nicht«, sagt der Nikolaus und plätschert mit den Füßen im warmen Wasser. »Es gibt da nämlich zwei goldene Regeln, an die ich mich unbedingt halten muss:

1. Ich darf niemanden wecken, um seine Hilfe zu erbitten.

2. Ich darf mir nur das nehmen, was mir freiwillig angeboten wird.

Das heißt, ich kann mir nicht einfach irgendwo ein Paar Stiefel wegnehmen. Selbst wenn ich sie morgens wieder zurückbringe. Außerdem, stell dir die Schlagzeilen vor: *Nikolaus klaut Stiefel!* – Ich muss ja auch auf meinen guten Ruf achten.« Er schüttelt nachdenklich den Kopf. »Die einzige Möglichkeit wäre, wenn mir jemand seine Stiefel anbieten würde – so wie du eben. – Jemand mit größeren Füßen.«

»Hmm«, macht Yannick und überlegt. Und dann fällt ihm tatsächlich ein, wie er dem Nikolaus helfen kann. »Ich habe ein Paar Stiefel, die dir passen!«, ruft er.

»Wirklich?«, fragt der Nikolaus überrascht.

Yannick nickt und läuft in den Flur. Er holt Onkel Ashgars Stiefel. »Hier, bitte«, sagt er und stellt sie vor die Badewanne.

»Das sind deine Stiefel?«, fragt der Nikolaus ungläubig und hebt einen Stiefel hoch.

Yannick nickt. »Für heute Abend. Ab morgen gehören sie wieder Onkel

Ashgar. Wir haben für eine Nacht getauscht«, erklärt er, »weil in Onkel Ashgars Stiefel mehr reingeht.«

Da strahlt der Nikolaus plötzlich. Er trocknet sich die Füße ab, zieht schnell seine grünen Engelssocken wieder an und schlüpft in die Stiefel. Sie passen wie angegossen.

»Vielen Dank, Yannick!«, sagt der Nikolaus. »Du hast mir aus einer sehr misslichen Lage geholfen. Vielleicht kann ich mich ja mal revanchieren. Jetzt muss ich weiter. Morgen früh stehen die Stiefel wieder vor der Tür. Das ist versprochen. Tschüss, Yannick.«

Der Nikolaus öffnet das Badezimmerfenster, schultert seinen schweren Sack und klettert so behände wie ein Äffchen aus dem Fenster und an der Regenrinne nach unten. Dann winkt er noch einmal hoch und biegt fröhlich pfeifend um die nächste Ecke.

»Tschüss, Nikolaus«, ruft Yannick ihm leise hinterher. Er ist stolz wie Oskar, dass er dem Nikolaus helfen konnte. Dann schließt er das Badfenster wieder, kehrt die Scherben zusammen und wirft sie in den Abfalleimer. Nicht dass noch jemand sich eine Scherbe in den Fuß tritt. Jetzt ist er aber ordentlich müde!

Gähnend kuschelt Yannick sich wieder an Onkel Ashgar. Der grunzt zwar ein bisschen, wacht aber nicht auf.

Dafür ist er am nächsten Morgen vor Yannick wach. »Aufwachen«, ruft Onkel Ashgar und schüttelt seinen Neffen an der Schulter. »Wir müssen doch nachschauen, ob der Nikolaus da war, während wir geschlafen haben!«

»Weiß ich doch schon«, murmelt Yannick verschlafen, aber das hört Onkel Ashgar nicht mehr, denn er ist schon raus in den Flur gelaufen.

»Yannick, komm schnell!«, ruft er aufgeregt.

Yannick schält sich aus der kuscheligen Wolldecke. Onkel Ashgars Stiefel stehen so gut geputzt und trocken auf der Fußmatte, als hätten sie sich die ganze Nacht nicht von dort wegbewegt.

Die beiden holen ihre Stiefel ins Wohnzimmer und schütten den Inhalt der Stiefel auf den Teppich. Da purzeln Nüsse, Orangen, Äpfel, Mandarinen und Lebkuchen heraus und für jeden ein großer Schokoladennikolaus – und in Onkel Ashgars Stiefeln steckt noch ein Päckchen. – Das ist für Yannick. Er reißt es aufgeregt auf. Es ist ein großer bunter Glasfisch drin.

»Oh, ist der schön!«, sagt Onkel Ashgar. »Genau wie meiner. Ich hol ihn mal.«

Yannick schluckt. »Onkel Ashgar«, ruft er, »ich muss dir etwas sagen …«

»Gleich!«, ruft Onkel Ashgar aus dem Bad.

Yannick geht mit seinem Fisch in der Hand hinterher.

Im Bad bleibt er überrascht stehen. Auf der Badewanne steht der Glasfisch, der ihm gestern runtergefallen war. Und er hat nicht einmal einen Sprung.

Yannick schaut ungläubig im Abfalleimer nach, die Scherben sind verschwunden.

»Was wolltest du mir sagen?«, fragt Onkel Ashgar.

»Ach nur, dass es doch gut ist, dass der Nikolaus immer weiß, wo ich gerade bin!«, sagt er. »Machen wir Pfannkuchen zum Frühstück?«

»Gute Idee!«, findet Onkel Ashgar und lächelt seinen Neffen an.

Sigrid Heuck

Ein Weihnachtsbrief

Sangha, Republik Mali, den 5. Dez. 1995

Lieber Timmy!
Es tut mir so leid, dass ich in diesem Jahr Weihnachten nicht mit Dir und der Mami verbringen kann, aber Du weißt ja, dass mich ein wichtiger Auftrag in Afrika festhält. Ich geb Dir mein allerhöchstes Ehrenwort, dass ich so bald wie möglich zurückkomme. Dann bring ich Dir auch etwas Schönes mit. Bei Euch ist jetzt sicher alles tief verschneit. Mami füttert die Vögel im Futterhäuschen, am Dach hängen lange Eiszapfen und Du darfst nie vergessen Mütze, Schal und Handschuhe anzuziehen, wenn Du das Haus verlässt, denn draußen ist es klirrend kalt.

Hier dagegen ist es trocken und sehr, sehr heiß. Es hat schon lange nicht mehr geregnet. Eiszapfen sind völlig unbekannt und die Mittagsstunden verbringt man am besten im Schatten eines Affenbrotbaums. Handschuhe und Schal braucht man nicht und eine Mütze oder einen Hut setzt man nur dann auf, wenn einem die Sonne zu sehr auf den Kopf brennt.

Erinnerst Du Dich daran, dass wir gemeinsam im Atlas nachgesehen haben, wo sich die Republik Mali in Westafrika befindet? Dabei hast Du mir das Versprechen abgenommen, Dir möglichst oft einen Brief zu schreiben, und verlangt, dass es mindestens hundert oder noch mehr Briefe werden. Ich glaube nicht, dass ich das schaffe, weil man hier, südlich der Wüste Sahara, nur selten einen Briefkasten findet, dem ein Vater einen Brief an seinen kleinen Sohn anvertrauen kann.

Dieses ist also mein Weihnachtsbrief an Dich und während ich ihn schreibe, stelle ich mir vor, wie Du Mami dabei hilfst, den Weihnachts-

baum zu schmücken. Ganz oben be-
festigt Ihr den goldenen Stern, an
die Zweige hängt Ihr silberne
Kugeln oder Äpfel und überall stecken rote Kerzen. Ich
vermute, dass Du wie jedes
Jahr Bauchweh bekommst,
weil Mamis Plätzchen so
gut schmecken und Du
zu viel von ihnen naschst.

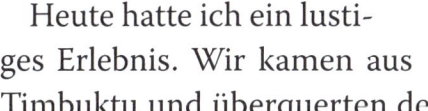

Heute hatte ich ein lustiges Erlebnis. Wir kamen aus
Timbuktu und überquerten den Niger
auf einer Fähre. (Das schreibe ich nur, damit Du es Dir auf der Karte noch
einmal ansehen kannst.) Am darauffolgenden Tag sind wir hier in der Ort-
schaft Sangha abgestiegen. Es war eine sehr staubige heiße Fahrt gewesen
und ich hatte schrecklichen Durst. So durstig ist man bei uns zu Hause
nur selten. Deshalb hab ich mir gleich eine Dose Cola gekauft und mich
damit auf die Stufen vor dem Eingang unseres Gästehauses gesetzt. Ich
hatte gerade die Dose ausgetrunken und wollte aufstehen, um mir eine
neue zu holen, da rannte ein kleiner Junge auf mich zu und fragte mich
ein wenig atemlos: »Schenkst du sie mir?« Ich schätze, er war so alt wie
Du, Timmy, vielleicht auch ein bisschen jünger. Ohne lange zu überlegen,
reichte ich ihm die Dose. Er riss sie mir aus der Hand, rannte mit seinem Schatz davon und verschwand hinter einem der wellblechgedeckten
Lehmhäuser. Das weckte meine Neugier. Ich wollte wissen, warum er so
versessen auf die Dose war. Deshalb folgte ich ihm. Ich entdeckte ihn und
einen anderen Jungen in einem von einer Mauer umgebenen Hinterhof.
Die beiden hockten auf dem Boden und versuchten etwas zusammenzu-
bauen, von dem ich lange nicht erkennen konnte, was es werden sollte.

Ich blieb vor der Mauer stehen und beobachtete sie. Neben ihnen lagen noch zwei andere, etwas verbeulte Dosen ähnlich derjenigen, die ich dem Kleinen geschenkt hatte, dann noch ein paar krumm geschlagene Nägel, etwas Draht, zwei abgebrochene Eisenstäbe, ein verrostetes Stück Wellblech und eine bunte Margarineschachtel aus einem Supermarkt. Der Größere der beiden, offensichtlich der ältere Bruder des Kleinen, hebelte gerade mit einem Messer die Deckel von den Dosen. Der Kleinere durchbohrte die Deckel mit einem Nagel. Dann verband er jeweils zwei mit einem der Eisenstäbe. Glücklicherweise waren beide so versunken in ihre Arbeit, dass sie mich nicht bemerkten. Erst als sie die Schachtel über den Stäben mit den Dosendeckeln befestigten, wurde mir klar, dass sie so etwas Ähnliches wie einen Wagen bauten, den man mit allerlei beladen und hinter sich herziehen kann.

Du wirst es mir nicht glauben, Timmy, aber es wurde das abenteuerlichste und fantastischste Gefährt, das ich jemals gesehen habe, so ein Mittelding zwischen einem Lastauto, einer Lokomotive und einer Mondrakete auf Rädern, viel, viel aufregender als das Auto von James Bond. Nachdem die Jungen mit dem Ergebnis ihrer Arbeit zufrieden zu sein schienen, befestigten sie in der Mitte der Vorderachse eine Schnur. Als der Kleine sein Gefährt probeweise ein Stück vorwärtszerrte, strahlte sein Gesicht vor Glück. Dann holte er tief Luft und rannte los, während er mit seiner Stimme das Schnaufen, Tuckern, Dröhnen und Rattern einer schweren Maschine nachahmte. Einmal kam es mir so vor, als sähe ich Qualm aus den Dosen aufsteigen, dann quietschten Bremsen. Es krachte. Eine Polizeisirene heulte auf. Die ausgefransten Blechdosendeckelräder holperten und klapperten. Ab und zu hörten sie auf sich zu drehen. Dann hinterließen sie eine Rinne in dem festgestampften Boden. Der ältere Bruder schlug sich auf die Schenkel vor Lachen. Er rief etwas über die Schulter zurück ins Haus. Da trat eine dicke schwarze Frau in einem bunten Kattunkleid vor die Tür. Sie war wahrscheinlich die Mutter der beiden. Der Kleine hob den Wagen stolz in die Höhe und zeigte ihn ihr.

Ich kann mich nicht daran erinnern, Timmy, dass Du jemals an einem

Deiner vielen Spielsachen, auch nicht an Deinem Gameboy oder dem Modellhubschrauber, so viel Freude hattest wie dieser kleine afrikanische Bub irgendwo tief in Afrika mit seinem selbst gebastelten Gefährt.

Mach's gut, gib der Mami einen dicken Kuss von mir! Fröhliche Weihnachten wünscht Euch beiden

Dein Dich liebender Papa.

Kirsten Boie

Jule ist
verschwunden

Am zweiten Advent geht die ganze Familie immer zum Weihnachtsbasar ins Museum.

»Nee, pöööh, da will ich gar nicht hin«, sagt Jesper, als Papa Jule eine Schleife ins Schuhband bindet. Janna kann das schon ganz alleine, und Jesper hat Schuhe mit Klettverschluss. »Nee, pööh, da geh ich gar nicht mit. Ich geh da lieber zu Nicki, Mama.«

Nicki sitzt in der Schule neben Jesper, und Nicki muss nie zum Basar ins Museum. Nicki guckt sonntags im Fernsehen immer die guten Filme, das ist besser. »Darf ich zu Nicki, Mama?«

»Nein, darfst du nicht«, sagt Mama ungeduldig. »Komm, zieh dir die Schuhe an. Ich weiß ganz genau, was ihr da wieder den ganzen Nachmittag treibt. Wenn ich wollte, dass du stundenlang fernsiehst, könnten wir das auch zu Hause erledigen.«

»Manno!«, schreit Jesper, aber da sieht er, dass Papa sich die Autoschlüssel schnappt, und da beeilt er sich doch. Wenn er mit Papa das Auto aus der Garage holt, darf Jesper immer vorne sitzen für das kurze Stück. Ausnahmsweise, sagt Papa. Damit Jesper schon mal weiß, wie sich das anfühlt.

Aber als er dann auf der Fahrt zwischen Jule und Janna auf der Rückbank eingeklemmt ist, hat er doch wieder schlechte Laune. Janna singt Weihnachtslieder, und Jule schläft, und morgen erzählt Nicki in der Schule bestimmt wieder, was er alles im Fernsehen geguckt hat, und Jesper kann dann gar nichts sagen. Im Museum passiert nie was.

»Sechzehn Weihnachtskarten brauchen wir, ich hab gezählt«, sagt Mama vorne zu Papa. Die Weihnachtskarten kaufen sie immer an so einem Stand, an dem auch knallbunte Pudelmützen verkauft werden und ganz komische Blockflöten. Das Geld kriegen dann arme Kinder in anderen Ländern, und da hat Jesper gar nichts dagegen. Aber man könnte ihnen das Geld vielleicht auch einfach mit der Post schicken. Dann müsste Jesper am zweiten Advent nicht immer zum Basar.

Vor dem Museum ist kein Parkplatz zu finden und in den Straßen drum herum auch nicht. Da müssen sie ein ganzes Stück weit weg parken. »Manno!«, sagt Jesper maulig. »Auch noch laufen!«

Aber Mama und Papa tun so, als ob sie ihn gar nicht hörten, und Mama hebt nur Jule aus dem Auto, damit sie bei ihr auf dem Arm weiterschlafen kann. Da läuft Jesper doch hinter Janna her zu der langen Mauer, auf der man balancieren kann, fast den ganzen Weg bis zum Museum, und wenn man runterfällt, fällt man vielleicht in Hundedreck. Darum ist das Balancieren richtig schön gruselig, auch wenn die Mauer nicht so hoch ist.

In der Eingangshalle steht ein riesenhoher Tannenbaum, den würden sie zu Hause nie ins Wohnzimmer kriegen, und dahinter kann man schon die Eskimoabteilung sehen mit all den ausgestopften Rentieren und Schlittenhunden und den Eskimos.

»Die sind aber nicht ausgestopft«, sagt Mama, »die waren nie richtig lebendig.«

Papa gibt die Jacken an der Garderobe ab, und Mama passt auf, dass Jule nicht allzu doll an den Zweigen vom Tannenbaum zieht, und dann gehen sie endlich los.

Aber im Museum ist es sogar noch viel langweiliger, als Jesper gedacht hat. Vor der Vitrine, in der man sonst hinter Glas immer so gut die echten alten Speere angucken kann, steht jetzt eine Frau und verkauft selbst genähte Puppen, und von dem großen Turkmenenzelt ist überhaupt nichts mehr zu sehen, weil davor lauter Tische mit glitzernden Ohrringen und Halsketten und Armbändern aufgestellt sind.

»Manno!«, sagt Jesper. »Ich hab Durst!« Im Museum gibt es ein tolles Restaurant, eine Treppe hoch, da stehen die Tische mitten zwischen Booten aus der Südsee und komischen Riesenfiguren, und aus großen Schüsseln kann man sich selber Wackelpudding auffüllen. Roten und grünen.

»Manno! Ich habe aber Durst!«

»Ach Jesper, nun komm schon!«, sagt Papa. »Findest du das denn nicht auch schön weihnachtlich hier? Guck doch mal, all die schönen Stände …«

»Nee, finde ich blöde!«, sagt Jesper, und Janna ruft: »O Mama, guck mal, die Knusperhäuschen! Darf ich ein Knusperhäuschen haben, Mama?«

Die Knusperhäuschen gibt es an dem Stand, wo Mama auch immer die Weihnachtskarten kauft, und da bleiben sie jetzt alle stehen. Mama sucht sich sechzehn Karten aus, und Janna hebt ganz vorsichtig alle Knusperhäuschen hoch. »Oh, guck mal, Mama, das möchte ich haben!«

»Na gut«, sagt Mama, »meinetwegen. Weil es doch für einen guten Zweck ist«, und dann darf sich Janna das schönste Knusperhäuschen aussuchen, und Jesper merkt, wie er innen drin langsam wirklich böse wird. Das ist doch schon wieder mal ganz typisch ungerecht! Wenn er eine Brause will oder vielleicht ein klitzekleines bisschen grünen Wackelpudding, sagt Papa Nein, aber Janna braucht natürlich nur zu fragen und schon hat sie ihr Knusperhäuschen. Und nur, weil das Geld dafür die armen Kinder kriegen! Langsam hat Jesper die Nase voll von den armen Kindern.

»Und du, Jesper, was möchtest du haben?«, sagt Mama, aber Jesper will kein niedliches kleines Knusperhäuschen und auch keine bunte Pudelmütze, Jesper will Brause und Wackelpudding, und Punkt.

»Jaja, nachher, Jesper!«, sagt Mama ärgerlich. »Dass du aber auch immer nur an Essen und Trinken denkst!« Dann zieht sie Papa am Ärmel. »Wo ist eigentlich Jule?«

»Die ist – die war eben noch …«, sagt Papa und dabei dreht er sich einmal um sich selbst. »Jule! Wo bist du? Jule, komm mal her zu Papa!«

Aber Jule kommt nicht zu Papa, und Jule kommt auch nicht zu Mama. Sie steht nicht mit Janna bei den Knusperhäuschen, und sie zieht nicht an den unteren Zweigen vom Tannenbaum in der Eingangshalle. Jule ist tatsächlich verschwunden.

»Und ich hab gedacht, du hast ein Auge auf sie!«, sagt Mama böse zu Papa. »Wo ich doch die Weihnachtskarten …«

»Jaja, keine Panik«, sagt Papa, aber er sieht jetzt selber ganz ängstlich aus. »Keine Panik, hier kann sie ja wohl kaum verloren gehen. Und überfahren werden kann sie im Museum auch nicht«, und er versucht sogar, ein bisschen zu lachen, aber da wirft Mama ihm so einen Blick zu, dass er lieber schnell wieder aufhört.

»Die Karten zahl ich nachher«, sagt Mama aufgeregt zu der Frau am Arme-Kinder-Stand, und die Frau nickt auch ganz lieb und sagt, jaja, keine Sorge, und viel Glück bei der Suche.

»Also jetzt passt mal auf«, sagt Mama. »Jetzt passt mal ganz genau auf. Janna bleibt jetzt bei mir, und Jesper, du bleibst bei Papa. Damit ihr nicht auch noch verloren geht! Ich geh mit Janna zu den Mumien, und ihr könnt auf dieser Seite weitersuchen. Vielleicht ist sie ja hinten am Puppenstand! Oder die Eisbären findet sie doch immer so niedlich«, und Mama zieht Janna hinter sich her durch das Gedränge in Richtung Afrika.

»Ja, komm schon, Jesper«, sagt Papa und will Jesper an der Hand nehmen. Aber Jesper ist schließlich kein Baby mehr. »Und hör auch mal genau hin. Vielleicht brüllt sie irgendwo.«

Aber das tut Jule nicht, und das ist doch wieder ganz typisch ungerecht. Wenn Jesper zu Hause seine Ruhe haben will, brüllt Jule von morgens bis abends, aber jetzt, wo sie sie suchen und ihr Gebrüll gut gebrauchen könnten, sagt sie keinen Mucks. Und das ist wirklich schade, weil man sie nämlich nur schwer suchen kann in dem ganzen Gedränge. Überall schieben sich Leute an den Ständen mit Teestövchen und Glaskugeln und Seidenschals vorbei, und die ganze Zeit guckt Jesper zwischen all den vielen Beinen, ob er Jule irgendwo entdeckt. Aber Jule bleibt einfach verschwunden.

»Das gibt es doch gar nicht!«, sagt Papa verzweifelt, als sie zum zweiten Mal den ganzen Weg von den Eskimos zu den Südseefischern abgesucht haben. In dem abgedunkelten Raum mit den Gruselmasken aus Bali waren sie sogar dreimal. »Sie kann sich doch nicht in Luft aufgelöst haben!«

Das glaubt Jesper auch nicht. Und entführt hat sie bestimmt auch niemand. Jesper kann sich nicht vorstellen, dass irgendwer Jule freiwillig nimmt.

»Ich hab Durst, Papa, jetzt hab ich aber wirklich Durst!«, sagt Jesper maulig. »Du hast gesagt, nachher, Papa, und jetzt ist nachher! Ich will jetzt was trinken!«

»Verdammt!«, schreit Papa. Ein paar Leute bleiben stehen und gucken

Papa missbilligend an. »Hast du noch gar nicht gemerkt, dass deine Schwester verschwunden ist! Und du denkst an Essen und Trinken!«

Jesper guckt auf den Boden. Er hat gleich gewusst, dass es keine gute Idee war, in dieses alte Museum zu gehen.

»Kann ich doch nichts dafür!«, schreit Jesper und stampft mit dem Fuß auf. Da gucken noch ein paar Leute mehr.

»Hör zu«, sagt Papa und packt Jesper an den Schultern. »Jetzt hör mir noch mal zu. Ich geh jetzt nach vorne zum Pförtner und frage, ob sie hier auch so Ansagen durch den Lautsprecher machen können wie im Kaufhaus. Dann lassen wir Jule per Lautsprecher suchen. Und so lange bleibst du hier stehen. Damit du nicht auch noch verloren gehst! Du rührst dich nicht vom Fleck, Jesper, hörst du das? Keinen Schritt!« Und Papa verschwindet im Gedränge.

Ob Mama und Papa sich wohl auch so aufregen würden, wenn er verloren gegangen wäre, das würde Jesper gerne mal wissen. Und bei Nicki gucken sie jetzt bestimmt irgendwas mit Cowboys. Oder mit Verbrechern und Polizisten, und er muss hier ganz still stehen und sich weihnachtlich fühlen! Wo die Stände sowieso alle langweilig sind. Und die Füße tun ihm auch langsam weh. Jesper setzt sich auf den Fußboden.

Neben seinem Gesicht sind jetzt die Beine von dem Tisch, auf dem oben die Armbänder liegen. Darunter stehen zwei Männerfüße in Stiefeln und zwei Frauenfüße in Stiefeln, und dahinter sieht man die Mastwand der Turkmenenjurte.

Ich merk das schon, wenn Papa wiederkommt, denkt Jesper. Ich guck zwischendurch immer mal nach ihm. Aber jetzt guck ich mir erst mal die Turkmenenjurte an, und er kriecht vorsichtig zwischen den Beinen durch unter den Tisch. Die Leute merken das sowieso nicht, die müssen gerade Armbänder verkaufen.

Die Turkmenenjurte gefällt Jesper im Museum immer mit am besten. Sie ist groß und echt, und drinnen sitzt ein Mann aus Plastik in ganz komischem Zeug mit Wasserpfeife und guckt eine Teekanne an. Daneben liegt

ein dicker Stapel Teppiche und darauf liegt jemand, der sieht aus wie ein Turkmenenkind. Aber nur fast.

»Jule!«, schreit Jesper und klettert über das Seil, das den Eingang versperrt. Wenn er Zeit hätte, könnte er vielleicht sogar lesen, was auf dem Schild steht, das an dem Seil festgemacht ist, aber einer, der »Fu ruft Ufu« schreiben kann, kann sich natürlich auch so denken, dass es bestimmt »Betreten verboten« heißt. »Jule, du darfst doch hier nicht schlafen!«

Und dann rüttelt er Jule wach, und Jule fängt an zu weinen, wie sie auch immer weint, wenn sie im Auto eingeschlafen ist und Mama hebt sie raus, und im Zelteingang steht plötzlich ein Mann im Anzug mit Schild an der Jacke und sagt ganz streng, dass das Betreten verboten ist. Das hatte Jesper sich ja gedacht.

»Ich hab hier nur meine Schwester gesucht!«, sagt Jesper und versucht, Jule nach draußen zu ziehen. Wenn Jule noch müde ist, ist das gar nicht so einfach. Und dann sind plötzlich auch Mama und Papa da, und Papa nimmt Jule schnell auf den Arm, und Mama drückt Jesper ganz fest und gibt ihm einen Kuss auf den Kopf. »Wenn wir dich nicht hätten, Jesper!«, sagt Mama. »Das hast du wirklich toll gemacht!«

Da guckt auch der Mann im Anzug nicht mehr so streng, und Janna sieht so aus, als ob sie sich ein bisschen ärgert, dass sie Jule nicht gefunden hat.

»Jetzt hab ich aber Durst«, sagt Jesper schnell, bevor Mama wieder vergisst, wie tüchtig er war. »Jetzt hab ich aber wirklich Durst, du.«

Und Papa lacht und sagt, wenn er ehrlich sein soll, könnte er jetzt auch ganz gut eine kleine Stärkung gebrauchen.

Da gehen sie alle zusammen in das Restaurant im ersten Stock, und zur Feier des Tages darf Jesper sich sogar zweimal von dem grünen Wackelpudding nehmen.

Aber als sie wieder im Auto sitzen und schon fast zu Hause sind, schreit Mama plötzlich auf.

»Du liebe Güte!«, sagt sie. »Die Weihnachtskarten. Die haben wir in dem ganzen Trubel jetzt völlig vergessen!«

Jesper seufzt. Da mussten sie nun extra ins Museum fahren, um Weihnachtskarten zu kaufen, und dann vergisst Mama die auch noch. Aber wenigstens hat er Jule gerettet und zwei Portionen Wackelpudding gegessen. Und wenn Nicki morgen wieder von den Filmen anfängt, die er am Sonntag alle angucken durfte, wird Jesper ihm das mal erzählen.

Edith Schreiber-Wicke

Die Lebkuchen-
katze Elisa

ch wünsch mir aber eine Katze, nur eine Katze und nichts als eine Katze!«, sagte Tina.

»Aber Kind«, sagte Tinas Mutter ein wenig gereizt, »das haben wir doch schon so oft besprochen. Katzen zerfetzen Tapeten, schaukeln an Vorhängen, kratzen am Teppich, werfen Blumenvasen um. Du möchtest doch sicher ein hübsches Zuhause.«

»Ich möchte kein hübsches Zuhause, ich möchte eine Katze«, sagte Tina entschlossen.

»Außerdem kann man sie nicht in den Urlaub mitnehmen«, fuhr Tinas Mutter fort. »Willst du wegen der Katze zu Hause bleiben? Du möchtest doch sicher in den Ferien wieder mit uns ans Meer fahren.«

»Ich möchte nicht ans Meer fahren, ich möchte eine Katze«, beharrte Tina.

»Sei doch vernünftig«, sagte Tinas Mutter.

»Ich will nicht vernünftig sein, ich will eine Katze«, antwortete Tina.

Tinas Mutter

knetete mit heftigen Bewegungen einen braunen, klebrigen Teig. Dann rollte sie ihn flach aus. »Du darfst die Lebkuchensterne ausstechen«, sagte sie.

Tina seufzte. Aber sie begann dann doch, die Sternform in den weichen braunen Teig zu drücken. Als alle Sterne auf dem Backblech lagen, war noch immer ein bisschen Teig übrig.

»Ich hab eine Idee«, sagte Tinas Mutter. Was sie schließlich aufs Backblech legte, war eine rundliche braune Katze. »Schnurrhaare, Augen und Nase kriegt sie später. Aus Zuckerguss.«

Am Abend, vor dem Schlafengehen, legte Tina die Lebkuchenkatze auf den kleinen Tisch neben ihrem Bett. »Schlaf gut, Elisa«, sagte Tina.

Irgendwann in der Nacht wachte Tina auf. Mondlicht erhellte das Zimmer. Auf dem Tisch neben Tinas Bett saß eine braun gesprenkelte Katze und putzte sich. Schnurrhaare, Augen und Nase leuchteten hell.

»Das gibt's doch nicht«, flüsterte Tina.

»Wünsche, Mondlicht und Weihnachtszeit«, sagte die Katze. »Die drei zusammen machen vieles möglich.«

»Aber morgen«, fragte Tina. »Wenn der Mond nicht mehr scheint?«

»Wer weiß«, sagte die Katze.

Am nächsten Morgen schaute Tina zuallererst auf den Tisch neben ihrem Bett. Da lag eine Lebkuchenkatze mit Augen, Ohren und Schnurrhaaren aus Zuckerguss. Tina seufzte.

Als Tina aus der Schule kam, schaute sie gleich auf den Tisch neben ihrem Bett. Da lag eine Lebkuchenkatze mit Augen, Ohren und Schnurrhaaren aus Zuckerguss. Tina seufzte.

Als Tinas Vater am Abend aus dem Büro kam, machte er ein grimmiges Gesicht.

»Was ist los, Ewald?«, fragte Tinas Mutter besorgt.

Tinas Vater machte ein noch grimmigeres Gesicht. Er stellte seinen Aktenkoffer ab und zeigte, was er in der anderen Hand trug. Es war eine Art Picknick-Koffer aus Weidengeflecht. »Ein Weihnachtsgeschenk«, sagte er verdrossen. »Wollt ihr sehen, was drin ist?«

Natürlich wollten Tina und ihre Mutter sehen, was drin war.

Tinas Vater öffnete den Deckel des Picknick-Koffers. Drinnen saß eine braun gesprenkelte Katze. Augen, Nase und Schnurrhaare hoben sich auffallend hell von ihrem dunklen Fell ab.

»Wer, um Himmels willen, schenkt dir eine Katze?«, fragte Tinas Mutter.

»Unser wichtigster Kunde«, sagte Tinas Vater. »Mit den allerbesten Wünschen für eine weitere gute Zusammenarbeit.«

Die Katze stieg aus dem Korb, streckte sich ein wenig und legte sich dann auf die cremefarbenen Seidenpolster.

»Wünsche, Mondlicht und Weihnachtszeit«, sagte Tina leise und streichelte die Katze Elisa.

Ursula Wölfel

Die Geschichte von den Weihnachtsgeschenken

Wenn Weihnachten kam, war ein Junge nie mit seinen Bastelarbeiten fertig. Jedes Mal sagte er: »Aber im nächsten Jahr fange ich früher mit dem Geschenkebasteln an!« Und er schrieb schon im Januar eine lange Liste. Darauf stand alles, was er den anderen in der Familie schenken wollte.

Im Februar kaufte er ein Stück festen Stoff. Daraus wollte er für den Vater einen großen Fausthandschuh nähen, weil es im Garten so viele Brennnesseln gab.

Im März fand der Junge ein schönes Stück Holz. Daraus wollte er für die Mutter einen Brieföffner schnitzen, weil sie sich immer so freute, wenn sie Briefe bekam.

Im April sammelte der Junge bei allen Nachbarn eckige Käseschachteln. Daraus wollte er für seine große Schwester einen Kramkasten kleben, weil sie immer ihren Radiergummi und den Bleistiftspitzer suchen musste.

Im Mai fand der Junge beim Sperrmüll ein Kippauto aus Holz. Das brauchte nur vier neue Räder und frische Farbe. Das Brüderchen sollte das Auto bekommen.

Im Juni kaufte der Junge vier Bogen schönes Malpapier. Er wollte für alle vier Großeltern den Marktplatz malen: einmal die Südseite, einmal die Nordseite, einmal die Ostseite und einmal die Westseite.

Im Juli gab es Ferien, da dachte der Junge nicht an Weihnachten. Im August fing das neue Schuljahr an, da hatte der Junge keine Zeit. Im September kam Verwandtenbesuch, da sollte der Junge keine Unordnung in der Wohnung machen.

Aber im Oktober sägte er die neuen Hinterräder für das Kippauto aus. Dabei zerbrach ihm das Sägeblatt.

Im November malte er viermal einen blauen Himmel für die Markt-platzbilder. Da fing es an zu schneien.

Im Dezember sollte ihm die große Schwester den großen Gartenhand-schuh zuschneiden und der Vater sollte ihm das Schnitzmesser für den Brieföffner scharf machen und die Mutter hatte nicht den richtigen Leim für den Kramkasten.

Dann kam Weihnachten und der Junge sagte: »Aber im nächsten Jahr fange ich früher mit dem Geschenkebasteln an!«

Annette Langen

Geheimplan im Advent

In der Adventszeit leuchtet in der Krümelgruppe morgens schon der Adventskranz auf dem Tisch. Nun kann Linus nicht auf die Fensterbank klettern und dort auf Amelie warten. Warum nicht, willst du wissen? Nun, dort ist eine richtige kleine Landschaft aufgebaut aus Moos, Sand und Steinen. Mittendrin steht ein einfacher Stall. Noch ist die Krippe darin leer und wartet auf das Jesuskind. Drum herum stehen 25 Krippenfiguren, für jedes Kind aus der Krümelgruppe eine.

Lange, wirklich sehr lange haben sie alle zusammen gebastelt, bis aus den vielen Klopapierrollen Hirten, Engel, Schafe, drei Könige, Maria und Josef geworden sind. Und stell dir vor, in jeder Figur steckt eine kleine Adventsüberraschung!

Jeden Tag nach dem Morgenkreis wird es richtig spannend, findet Salim. Denn dann darf immer ein Kind eine Figur hochheben und nachsehen, was darin versteckt ist.

»Am allerbesten sind natürlich die Montage«, stellt Salim fest, »da können wir gleich schauen, was in drei Figuren des Adventskalenders steckt.« Du merkst es gleich, oder? Salim kann nicht genug von diesen Adventsaufregungen kriegen. Wie drei Tüten Brausepulver kribbelt es in seinem Bauch!

Doch Linus, der winkt ab: »Ach, weißt du, zu Hause habe ich zwei Adventskalender. Einen mit kleinen Säckchen von Mama und Papa und einen mit Schokolade von Opa und Oma aus Freiburg.«

Franziska nickt. »Also ich habe so viele Adventskalender, zwei große und noch zwei kleine, dass ich oft vergesse, die ganzen Türchen aufzumachen.« Salim kann das kaum glauben. Da fragt sie ihn: »Und was für einen Adventskalender hast du zu Hause?«

Salim wird rot, leise sagt er: »Wir haben gar keinen Adventskalender zu Hause!«

Auf einmal wird es in der Krümelgruppe ganz still. Die Autos in der Bauecke bleiben stehen, am Tisch kratzen die Buntstifte nicht mehr über das Papier. Viele fragende Augen blicken Salim an. Oje, da wird sein Kopf noch röter.

Amelie fragt besorgt: »Hat deine Mama vergessen, einen Adventskalender zu kaufen?«

Und Franziska sagt großzügig: »Wenn du willst, bringe ich dir einen von meinen mit. Den, wo die meisten Türchen noch zu sind.« Linus nickt. Er würde Salim auch einen Adventskalender abgeben.

Da sagt Ann-Kristin: »Nicht alle Kinder feiern Advent und Weihnachten, so wie wir es kennen. In anderen Familien gibt es andere Feste, stimmt's Salim?«

Salim hat noch nie vor der ganzen Krümelgruppe etwas erzählt. Aber jetzt legt er voller Begeisterung los. »Ganz toll ist unser Zuckerfest …«

»Gibt es da Süßes?«, will Finn sofort wissen.

Salim nickt. »Es gibt Süßes, viel Essen, viel Besuch kommt und Geschenke, die kriegen wir auch.«

Franziska fragt neugierig: »Singt ihr auch Lieder? Ich meine, so wie ›Oh Tannenbaum‹?«

Salim nickt. »Am schönsten ist dieses.« Leise singt er vor: »El ele tutu salim, Halkaya katisalim …«

Die Erzieherinnen summen mit, die Krümelkinder bilden einen Kreis um ihn.

Nun springt Salim auf: »Wisst ihr, dieses Lied heißt ›Wir halten uns Hand in Hand‹. Guckt mal, so tanzen wir dazu!« Singend geht Salim im Kreis herum und ruft Finns Namen. Der hängt sich an Salims Schultern. So geht es weiter, bis schließlich alle Krümelkinder hinter Salim eine lange Schlange bilden. Die Schlange juchzt und kichert.

Nach dem Tanz flitzen Franziska, Finn, Amelie und Linus nach draußen.

Blitzschnell klettern die vier auf das Klettergerüst. Dort oben flüstern sie geheimnisvoll und hecken einen richtigen Geheimplan aus. Nur Salim darf nichts davon wissen. Denn ihn erwartet am letzten Tag vor den Weihnachtsferien eine richtige Überraschung.

»Das ist für dich!«, rufen Finn, Franziska, Amelie und Linus und halten Salim ein geheimnisvolles Päckchen hin.

Sein erstes Weihnachtsgeschenk!

Ursel Scheffler

Ayshe und der Weihnachtsmann

Ayshe wohnt am Ende der Straße in dem Haus mit den grün gestrichenen Fenstern. Der Postbote kannte Ayshe schon seit einiger Zeit. Sie kam meist aus der Schule heim, wenn er in der Brückenstraße gegen Mittag die letzte Post austrug. Zweimal hat er schon einen Brief für sie gebracht. Der war von ihren Großeltern aus der Türkei gewesen. Ayshe hat sich riesig gefreut. Das war im Sommer.

Jetzt war es kalt geworden. Ayshe fror oft. In ihrer Heimat war es viel wärmer. Sie musste sich an vieles gewöhnen, was hier anders war. Die Menschen benahmen sich anders, hatten andere Sitten und Bräuche als in dem kleinen türkischen Dorf, aus dem sie stammte. Dort kannte sie jeden. Aber hier in der großen fremden Stadt wusste sie nicht einmal, wie die Leute im Haus gegenüber hießen. Sie hatten es immer eilig und eilten meist grußlos vorbei. Der Postbote war eine Ausnahme. Er war immer nett und freundlich.

»Vielleicht hab ich bald ein Weihnachtspäckchen für dich«, sagte der im Dezember, als er sein Rad im Schnee ein Stück neben ihr herschob.

»Das wäre schön«, sagte Ayshe. »Ich habe noch nie ein Weihnachtspäckchen bekommen.«

»Heute ist leider wieder nichts für dich dabei. Ich werde mal mit dem Nikolaus reden«, versprach der Postbote am nächsten Tag. Aber auch am Nikolaustag war kein Päckchen für Ayshe im Postsack.

»Das verstehe ich nicht«, sagte der Postbote. »Wo der alte Herr doch sogar aus der Türkei stammt. Wenn mich nicht alles täuscht, dann ist der heilige Nikolaus in Myrna in der Türkei geboren.«

»Das hab ich gar nicht gewusst«, sagte Ayshe.

Sie freute sich jedes Mal, wenn sie den Mann mit der blauen Mütze traf.

Denn wenn er auch kein Päckchen für sie brachte, so unterhielt sie sich gern mit ihm.

»Heute habe ich viel zu schleppen. Ich muss nämlich dem Weihnachtsmann helfen«, sagte der Postbote.

»Im Dezember werden alle Postboten als Hilfsweihnachtsmänner eingesetzt.« Es war Mitte Dezember und die Packtaschen an seinem Rad waren vollgepackt bis oben hin.

»Der Weihnachtsmann? Wie ist das eigentlich mit dem Weihnachtsmann? Hast du schon einen echten gesehen? Wie sieht er wirklich aus?«

»Was? Das weißt du nicht? Das weiß doch jedes Kind! Er hat einen weißen Bart, ungefähr so wie ich, und trägt als Dienstkleidung einen roten Mantel.«

»In unserer Familie wird Weihnachten nicht gefeiert«, sagte Ayshe.

»Siehst du, und das hab ich nicht gewusst«, sagte der Postbote.

»Weihnachten ist ein christliches Fest und wir sind Moslems«, erklärte Ayshe.

»Tja, das ist vermutlich auch der Grund, wieso kein Weihnachtspäckchen für dich kommt«, sagte der Postbote nachdenklich.

»Kannst du nicht trotzdem dem Weihnachtsmann sagen, dass ich jetzt hier wohne und dass er mich nicht vergessen soll? Zu meinen deutschen Freundinnen kommt er doch auch.«

»Nun, er ist ein viel beschäftigter Mann und hat alle Hände voll zu tun mit den Wunschzetteln, die er schon hat«, sagte der Postbote. »Aber ich will es versuchen.«

Auf dem Heimweg blieb der Postbote vor dem Laden mit den Süßigkeiten stehen. Und dann vor dem Spielwarenladen. Er wüsste schon, was man der kleinen Ayshe schenken könnte. Dann rechnete er. Wenn er sich bis Weihnachten keine Zigaretten kaufen würde, sondern …

Als er am nächsten Tag wieder an Ayshes Haus vorbeikam, rief er: »Schönen Gruß vom Weihnachtsmann. Er hat sich deine Adresse aufgeschrieben!«

»Wirklich?«, rief Ayshe. »Vielen Dank!« Und am nächsten Tag schenkte sie dem Postboten ein Bild, auf dem sie den Weihnachtsmann gemalt hatte, so wie sie sich ihn vorstellte. Er sah tatsächlich ein bisschen wie der Briefträger aus.

»Ayshe, du bist verrückt. Es gibt gar keinen richtigen Weihnachtsmann«, sagte ihr Bruder. »Man muss sich alles selbst kaufen. Man kriegt nichts geschenkt.«

Da war Ayshe sehr traurig. Ob sie der nette Postbote angelogen hatte? Dann kam der 24. Dezember. Die allerletzten Pakete und Päckchen wurden am Postamt an die Zusteller verteilt.

Für Ayshe war nichts dabei. Da radelte der Postbote an seiner Wohnung vorbei und holte das Päckchen, das er vorbereitet hatte. Er klingelte zweimal an Ayshes Wohnungstür und rief: »Weihnachtspost für Ayshe!«

»Für mich?«, rief Ayshe und drückte das Päckchen an sich. »Danke. Vielen Dank!«

»Direkt vom Weihnachtsmann«, sagte der Postbote und dann radelte er schnell weiter. Es war noch viel zu tun. Als er nach den Feiertagen wieder an Ayshes Haus vorbeikam, wartete sie schon auf der Straße und sagte: »Kannst du mir helfen? Ich habe einen Brief an den Weihnachtsmann geschrieben und weiß seine Adresse nicht.«

»Gib mir den Brief nur mit«, sagte der Briefträger. »Ich will schon dafür sorgen, dass er an die richtige Adresse kommt. Das ist schließlich mein Beruf.«

Julia Breitenöder

Die Weihnachts- palme

ch habe eine Überraschung für euch!« Papa wirbelt in einer Wolke kalter Luft zur Tür herein und klopft sich den Schnee von den Schultern.

»Bekommen wir ein Pony?« Mit roten Wangen kommen die Zwillinge Emma und Amelie aus der Küche gelaufen.

Papa lacht und zieht ein paar Papiere aus der Tasche.

»Ich habe eine Reise gewonnen«, jubelt er. »Für die ganze Familie. Eine Woche in einem Strandhotel in Ägypten. Morgen geht es los!«

Nun streckt auch Mama den Kopf aus der Küchentür. Ihre Hände sind voller Mehl. Sie sieht Papa prüfend an. »Das ist nicht dein Ernst, oder?«

»Und wie das mein Ernst ist!« Papa schaut in die Runde. »Was ist? Freut ihr euch gar nicht?«

Mama wischt ihre Hände an der Hose ab. »Doch, schon … Aber so schnell? Wie sollen wir das schaffen?«

»Kein Problem«, lacht Papa. »Wir müssen nicht viel einpacken, dort ist es warm.« Er gibt Mama einen dicken Kuss und schiebt sie aus dem Flur. »Ich backe die Plätzchen fertig und du gehst packen.«

»Papa …« Amelie ist nachdenklich. »Und was ist mit Weihnachten? Bringt der Weihnachtsmann unsere Geschenke nach Ägypten?«

»Ich vermute, das ist zu kompliziert« Papa schüttelt den Kopf. »Da müsste er schon einen sehr großen Umweg machen.«

»Warte mal!« Emma flitzt aus dem Zimmer und kommt kurz darauf mit einem Blatt Papier wieder. »Das hängen wir an die Tür: Lieber Weihnachtsmann, wir sind im Urlaub. Geschenke bitte später bringen oder bei Frau Wassermann nebenan abgeben.«

»Gute Idee«, nickt Papa und rollt den Teig aus.

Jetzt zupft Emma ihn am Ärmel und deutet auf den Tannenbaum, der im Wohnzimmer steht und darauf wartet, weihnachtlich geschmückt zu werden. »Und was ist mit dem Weihnachtsbaum?«

»Der bleibt hier und wartet auf uns«, beruhigt Papa sie.

Emma verdreht die Augen. »Kein Mensch braucht nach Weihnachten noch einen Weihnachtsbaum.«

Amelie nickt energisch. »Wir müssen ihn mitnehmen. Sonst ist er traurig.« Sie streicht vorsichtig mit der Hand über die grünen Zweige, die so gut nach Wald und Weihnachten duften.

Papa schlägt die Hände über dem Kopf zusammen. »Ihr seid aber auch kompliziert! Also gut, von mir aus – wir nehmen ihn mit.«

Am nächsten Tag am Flughafen macht die Frau hinter dem Schalter große Augen, als Papa ihr die Flugtickets gibt und erklärt: »Wir haben drei Koffer und einen Tannenbaum. Ist das ein Problem?«

Sie telefoniert und tippt etwas in ihren Computer, und schließlich bekommt der Weihnachtsbaum genau wie die Koffer einen Gepäckanhänger und verschwindet auf dem Transportband in Richtung Flugzeug.

Auf dem Weg zum Flugsteig singen die Zwillinge aus vollem Halse »Oh Tannenbaum«.

In Ägypten ist es wirklich heiß. Schwitzend drängen sich die Passagiere am Gepäckband. Ein Koffer nach dem anderen fährt vorbei, nur von einem Tannenbaum ist weit und breit nichts zu sehen.

»Ich habe Durst«, jammert Emma.

»Wo ist unser Weihnachtsbaum?«, quengelt Amelie.

Papa stöhnt. »Wartet hier, ich erkundige mich, wo der Baum bleibt.«

Er bleibt lange weg. Als er schließlich zurückkommt, sieht er bedrückt aus. In jeder Hand hält er einen zerquetschten, schmutzigen Tannenzweig.

»Unser Baum!«, schreit Emma. »Was ist passiert!«

Papa setzt sich auf einen Koffer. »Tja. Der Tannenbaum ist wohl auf dem Weg vom Flugzeug zum Gepäckband vom Wagen gefallen und keiner hat es gemerkt. Bis sie ihn gefunden haben, waren schon einige Busse, Autos, Gepäckwagen und vielleicht sogar Flugzeuge drübergefahren. Das hier ist der Rest.«

Dicke Tränen kullern Emma und Amelie auf der Fahrt zum Hotel über die Gesichter. Nichts kann sie aufheitern. Nicht der schöne Sandstrand, nicht ihr großes Hotelzimmer und erst recht nicht der riesige Weihnachtsbaum in der Hotelhalle.

Sie sitzen nebeneinander auf dem Bett und lassen missmutig die Beine baumeln, während Mama die Koffer auspackt.

»Du meine Güte! Was ist denn das?« Sie hat den Koffer der Zwillinge geöffnet, aus dem ein wildes Durcheinander aus Strohsternen, Lametta, Kerzen und Christbaumkugeln herausquillt. Unter dem Schmuck liegen zwei T-Shirts, zwei kurze Hosen, zwei Badeanzüge und zwei Unterhosen. »Wo sind eure Kleider?«

»Weißt du, Mama, hier ist es doch so warm, da braucht man nicht viel. Wir waschen die T-Shirts abends einfach, am nächsten Morgen sind sie wieder trocken«, erklärt Emma.

Amelie nickt. »Wir konnten ja nicht wissen, dass wir den Schmuck gar nicht brauchen.«

Mama weiß nicht, ob sie lachen oder schimpfen soll. Aber Papa nimmt ihr die Entscheidung ab. Er stürmt ins Zimmer, schnappt sich seine Badehose und ein Handtuch und zieht die Zwillinge vom Bett. »Kommt mit, ich will schwimmen gehen. Wer zuerst am Strand ist!«

»Wo sind die Mädchen eigentlich?« Mama sieht sich am Strand um.

»Die sammeln bestimmt noch Muscheln. Kannst du mir noch mal den Rücken eincremen?« Papa hat es sich auf einer Liege bequem gemacht.

»Mama, Papa, kommt schnell!« Atemlos und mit blitzenden Augen tauchen Emma und Amelie neben ihren Eltern auf.

Papa blinzelt. »Was gibt's?«

Emma zerrt ihn von der Liege. »Komm!«

Amelie zieht Mama hinter sich her. Gemeinsam laufen sie den Strand entlang. Plötzlich bleibt Papa stehen. Er reibt sich die Augen. »Siehst du auch, was ich sehe?«, fragt er Mama, dann fängt er an zu lachen.

Amelie und Emma stellen sich stolz rechts und links neben die kleine Palme, die sie von oben bis unten geschmückt haben. An den Palmwedeln baumeln Kugeln, Sterne und Lametta, und sogar der Stamm ist silbern umwickelt.

Mama geht lächelnd um den Baum herum. »Was gibt es da zu lachen? Ich weiß jetzt, wo wir morgen Abend sitzen und Weihnachtslieder singen. Außer uns hat sicher niemand eine echte Weihnachtspalme.«

Otfried Preußler

Glatte Rechnung

Die Geschichte von Pietschfranzens Gusta, vom Würstlmann, von der Hütter-Karline und vom Geschäftsneid sowie von der fremden Frau und dem kleinen Schaf mit dem dunklen Fleck.

Im Vorhof der Wallfahrtskirche Maria Haindorf zu Füßen des böhmischen Isergebirges haben damals zwei Reihen von Buden gestanden, in denen es alles zu kaufen gab, was Wallfahrer brauchen können, vom einfachen Butterbrot über heiße Krenwürstl bis zum Türkischen Honig.

Auch Andenken aller Art hat es dort gegeben, Rosenkränze in sämtlichen Größen und Preislagen, Gebets- und Erbauungsbücher, Andachtsbilder und andere Gegenstände frommen Gebrauchs.

Besonders häufig ist natürlich die Mater Formosa, die Holdselig Lächelnde Muttergottes von Haindorf, in den Verkaufsbuden vorzufinden gewesen, in Wasserfarben oder in Öl gemalt, auf einfachen Holzschnitten, im Vierfarbendruck und auf Postkarten mit der schwungvollen Aufschrift »Gruß aus Maria Haindorf«.

Außerdem hat man die Muttergottes auch als Figürchen erwerben können: in Holz und in Gips, aus Wachs oder Porzellan. Wie das Gnadenbild in der Kirche sind auch dessen Abbilder von einem weiten, glockenförmig gebauschten Mantel umhüllt gewesen, von goldenen Borten gesäumt und mit Perlen und Edelsteinen besetzt. Nur dass der Mantel des Gnadenbildes auf dem Altar der Wallfahrtskirche mit echten Perlen und Edelsteinen besetzt war, nicht nur mit Perlen und Edelsteinen aus Gablonzer Glas.

In ihrer Verkaufsbude hat die Frau Witwe Augusta Pietsch – Pietschfranzen seligs Gusta, wie sie nach ihrem verstorbenen Mann genannt wurde – den Wallfahrern neuerdings sogar eine Haindorfer Muttergottes angeboten, die sich im Inneren einer Glaskugel befunden hat. Und wenn man die Kugel einmal herumdreht und wieder hinstellt, so fängt es drinnen in feinen Flocken aus Gold und Silber zu schneien an, als schwebe der Segen des Himmels sichtbarlich auf die Muttergottes hernieder.

Die Verkaufsbude hatte Pietschfranzens Gusta von ihrem dahingeschiedenen Mann geerbt, es ist nun schon etliche Jahre her, dass er unter dem Rasen liegt. Sie selber ist Anfang siebzig gewesen damals, aber noch immer hat sie die Bude nicht aufgeben wollen, der Mensch muss ja schließlich zu etwas da sein, nicht wahr. Natürlich ist sie vom Rheumatismus geplagt gewesen, zeitweilig jedenfalls, und auch sonst haben sich gewisse Beschwernisse nicht gerade verringert von Jahr zu Jahr. Trotzdem hat Pietschfranzens Gusta an allen Tagen die Bude offen gehalten: im Frühjahr, wenn sich die alten Linden im Vorhof der Wallfahrtskirche von Neuem begrünt haben; im Sommer, wenn es ihr in der Bude nicht selten heiß geworden ist wie in einem Backofen; im Herbst, wenn die großen Wallfahrerzüge übers Gebirge gekommen sind, aus dem Böhmischen und von draußen herein, aus der Lausitz; und winters natürlich auch.

Auch winters hat Pietschfranzen seligs Gusta von früh um neune an dagesessen, hinter dem Ladentisch, und dann hat sie auf Kundschaft gewartet bis abends um halber sechse.

Die meisten anderen Marktleute haben von Allerseelen bis Anfang März ihre Buden zugemacht. Bloß der Würstelmann und die Hütter-Karline von gegenüber haben sich auch nicht dazu entschließen können. Der Würstelmann hat sich mit Recht gesagt: »Je kälter die Jahreszeit, desto besser verkaufen sich heiße Würsteln, sie müssen bloß richtig heiß sein, das ist ja klar.« Und die Hütter-Karline, bei der ist's der blanke Geschäftsneid gewesen, der sie zum Offenhalten der Bude bewogen hat. Denn es hätte ja sein können, dass ihr sonst ein paar Kreuzer entgangen wären, die dann womöglich die Gusta kassiert hätte, und das möchte die Hütter-Karline schon sehr gewurmt haben.

Der Umsatz, um ehrlich zu sein, ist in diesen Wochen nicht sehr beträchtlich gewesen. Wallfahrerzüge sind keine gekommen zur Winterszeit und die eingesessenen Haindorfer haben begreiflicherweise für Andenken keine Verwendung gehabt, höchstens vielleicht für Weihnachtsschmuck oder Spielsachen, aber auch da in Maßen. Die Hütter-Karline und Pietschfranzens Gusta haben denn auch das Angebot ihrer Waren entsprechend erweitert in dieser Zeit vor den Feiertagen. Um Weihnachtskerzen und Engelshaar, beispielsweise, um Christbaumsterne und bunte Glaskugeln, auch um Hampelmänner, um Schaukelpferde und Puppen und anderen Kinderkram. Nicht zu vergessen die Krippenfiguren! Krippenfiguren gab es aus Pappendeckel oder in Holz geschnitzt. Maria und Josef, das liebe Jesulein in der Krippe mit Ochs und Esel, mancherlei Hirten, die Könige aus dem Morgenland – und vor allem natürlich Schafe, große und kleine, die einen weidend, die andern ruhend auf Bethlehems Flur. Hübsch weiß in der Wolle alle, wie man sich das von biblischen Lämmern und Schafen nicht anders erwarten darf. Ein hölzernes Krippenschaf hat zwei Heller gekostet, die Lämmer gab es für einen. Die Hütter-Karline ist zwar der Meinung gewesen, dass man bei solchen Preisen verhungern müsste in seiner Bude, und wenn es nach ihr ginge, würden die Krippenfiguren längst schon das Doppelte bringen – aber die Gusta hat da nicht mitgemacht. Und solange die Gusta bei ihren niedrigen Preisen geblieben ist, die schon zu Pietschfranzen seligs Zeiten gegolten hatten, hat auch die Hütter-Karline sich nicht getraut, die ihrigen zu erhöhen.

»Dafür sitzt man nun Tag für Tag in der Kälte«, hat sie geraunzt. »Und am Abend muss man sogar noch das teure Petroleum für die Lampe drangeben, weil es so früh schon dunkel wird. Und das alles bringt eigentlich überhaupt nix ein.«

Trotzdem hat die Karline brav ihre Stunden hinter dem Ladentisch abgesessen, bei aller Kälte. Und trotzdem hat sie an jedem Abend beim Schein der Petroleumlampe ausgehalten bis halber sechse. Nämlich bevor nicht Pietschfranzens Gusta die Läden zumacht an ihrer Bude, weicht auch die Hütter-Karline nicht von der Stelle.

Ein einziges Mal nur ist sie von dieser Gewohnheit abgegangen, ausgerechnet an einem Heiligen Abend. In Haindorf sind alle Leute längst schon zu Hause gewesen, kein Käufer hat sich mehr einfinden wollen, seit mindestens einer Stunde nicht. Auch der Würstelmann hatte heut ausnahmsweise schon vorzeitig seinen Ofen ausgehen lassen. Bloß Pietschfranzens Gusta, als ob sie's der Hütter-Karline zu Fleiß tun möchte, hat trotzdem nicht zugemacht. Mehr noch! Selbst über halber sechse hinaus ist sie hocken geblieben an diesem Abend, obzwar es der heilige Weihnachtsabend gewesen ist. Kuchenbreit hat sie dagesessen, in mehrere Decken gehüllt, und hat justament nicht dergleichen getan.

Die Hütter-Karline ist schon ganz zwipplig gewesen vor Ungeduld. Auch hat sie sich selbstverständlich geärgert über die Gusta, und das nicht schlecht. Bis ihr die Warterei endlich zu dumm wird. Da geht sie zur Gusta hinüber und will ihr sagen, dass sie nun endlich Schluss machen soll. Und jetzt erst merkt sie, was los ist: nämlich die Gusta ist hinter dem Ladentisch eingeschlafen.

»So was auch!« Die Karline ist ziemlich wütend. »Aber mir soll's egal sein«, denkt sie, »ich geh jetzt heim.«

So leise wie diesmal hat sie die Läden an ihrem Verkaufsstand noch nie herumgeklappt. Sachte legt sie den Riegel vor und schließt ab. Dann geht sie noch einmal hinein und löscht die Petroleumlampe aus. Langsam schraubt sie den Docht herunter, bis er verlöscht. Hoffentlich knarrt die Türe nicht, wenn sie die Bude von außen zumacht, das fehlte gerade noch. Aber nein, es geht alles gut. Ein kurzes Knarzen, dann klickt das Schloss, sie dreht zweimal den Schlüssel herum.

Pietschfranzens Gusta schläft ungestört vor sich hin, sie hat überhaupt nichts gemerkt. Die Hände hält sie im Schoß gefaltet, das Kopftuch ist ihr ein Stück in die Stirn gerutscht. Sie atmet ganz ruhig. Beim Ausatmen bläst sie ein wenig die Backen auf. Das sieht lustig aus, und die Hütter-Karline denkt sich: »Schlaf du nur weiter, Gusta, von mir aus bis morgen früh.«

Sie geht also jetzt nach Hause, die Hütter-Karline, und wird sich daheim einen heißen Tee genehmigen. Mit viel Zucker dran und dem doppelten Quantum Rum wie sonst. Denn erstens ist heute Heiliger Abend, nicht wahr, und zweitens muss sie sich tüchtig aufwärmen nach dem langen Herumsitzen in der kalten Bude.

No, gönnen wir, gute Leute, der Hütter-Karline den heißen Tee samt allem, was sie hineinrührt – und wenden wir unser Augenmerk bis auf Weiteres wieder Pietschfranzen seligs Gusta zu.

Still ist es auf dem Platz vor der Haindorfer Wallfahrtskirche. Die Dächer der Buden, die Bäume, die Häupter und Schultern der steinernen Heiligen

in der Runde: alles ist dick verschneit. Und wenn man von ihrem eigenen Schnarchen absieht, so gibt es zu dieser nächtlichen Stunde nichts, das imstande wäre, Pietschfranzens Gusta im Schlaf zu stören – bis sie mit einem Mal Glockenschläge vernimmt.

Wie sie dann aufhorcht und mitzählt, ganz unwillkürlich, da sind es vier helle Schläge gewesen, gefolgt von zwölf dunklen. »Jesus, Maria!«, denkt sie und traut ihren Ohren nicht. Sitzt sie wahrhaftig noch hinterm Ladentisch – und vom Kirchturm, da schlägt es Mitternacht? »Ne, ne«, muss die Gusta denken. »Wie gibt's denn so was? Ich glaub fast, mir tut's was vormachen …«

Aber nein, es ist wirklich wahr. Da sitzt sie in ihrer Bude, beim Schein der Petroleumlampe, und draußen ist tiefe Nacht. »Man sollt's nicht für möglich halten!« Verwundert schiebt sie das Kopftuch zurück. »Hätt mich die Hütter-Karline nicht aufwecken können, bevor sie heimgeht? Ne, ne, es ist kein Verlass mehr auf dieser Welt – ne, weiß Gott nicht.«

Die Gusta kann nur den Kopf schütteln. Über die Hütter-Karline und über sich selber auch. »Bloß gut, dass ich wach geworden bin«, brummt sie. »Sonst möcht ich in meiner Bude vielleicht erfroren sein, ohne dass ich's gemerkt hätte.«

No, erfroren ist Pietschfranzens Gusta glücklicherweise nicht. Aber hübsch müde ist sie, und wenn sie noch länger hier sitzen bleibt, möchte es sein können, dass sie wieder einschläft. »Ich denk mir, das sollten wir lieber nicht riskieren!«, beschließt sie. »Ich mach, dass ich endlich heimkomme.«

Damit schält sie sich aus den Decken heraus und will aufstehen, aber es kommt nicht dazu, weil sie etwas gehört hat – ein leichtes, leises Geräusch von der Kirche her. Und darin sieht sie, wie zwischen den dunklen Stämmen der Bäume eine Gestalt auf sie zukommt, die Budenzeile herauf. »Nanu?«, überlegt die Gusta. »Wer das wohl sein mag, so spät noch am Heiligen Abend? Und noch dazu eine Frau …« Denn das sieht sie jetzt, trotz der Dunkelheit, dass die Gestalt einen weiten, glockenförmig gebauschten Mantel trägt. Und ihr langes Kleid rafft sie mit den Händen auf, damit es nicht über den Schnee schleift.

»Wohin sie wohl geht?«, überlegt die Gusta. »Und wer sie wohl sein mag?« Die Unbekannte tritt auf die Bude zu, sie trägt einen Schleier vor dem Gesicht, wie aus Silberfäden gewirkt.

»Ne«, stellt die Gusta fest. »Kennen tu ich sie nicht. Aber sie kommt mir bekannt vor, von Weitem muss ich sie schon ein paarmal gesehn haben.«

Die Fremde steht nun vor ihr, auf der andern Seite des Ladentisches. Das Licht der Petroleumlampe fällt nur auf ihre Hände, die zart sind und fein, das Gesicht bleibt im Dunkel.

»Guten Abend wünsch ich«, sagt Pietschfranzens Gusta. »Was wird's denn sein dürfen, junge Frau?«

»Bloß eine Kleinigkeit«, sagt die Fremde. »Ein Spielzeug für meinen kleinen Jungen, er hat nämlich heut Geburtstag, wissen Sie.«

»Was Sie nicht sagen!«, meint Pietschfranzens Gusta. »Da haben Sie aber Glück gehabt, dass ich ausnahmsweise noch da bin. Wie wär's denn mit einem Schaukelpferd, junge Frau? Etwa der Schimmel da, mit dem roten Sattelzeug? Beste Weißbacher Ware, nicht zum Kaputtkriegen, selbst von zwei, drei Kindern nicht.«

»Ich habe bloß eins, und das eine spielt immer allein«, sagt die fremde Frau. »Hätten Sie nicht was Kleineres – Sie verstehen …«

»Nu ja«, sagt die Gusta, »nu ja. Dann tun Sie doch einen Nussknacker nehmen – zum Beispiel den da mit dem Husarenrock und dem Schnauzbart! Der wird Ihrem kleinen Jungen bestimmt gefallen.«

»Gewiss«, sagt die Fremde. »Aber er ist mir ein bissel zu groß und er schaut mir ein bissel zu grimmig drein.«

»Dann nehmen Sie einen Hampelmann!«, rät die Gusta. »Oder vielleicht die Spanschachtel da, mit Soldaten?«

»Nein«, sagt die Fremde und schüttelt den Kopf. Soldaten seien wohl auch nicht das Richtige für den Kleinen, Soldaten gewiss nicht.

»Wie wär's dann mit einem Bauernhof?«, meint die Gusta. »Oder mit einer Arche Noah?« Die vielen hölzernen Tiere – die Rinder, die Ziegen und Schafe, die Elefanten, Kamele, Giraffen und Löwen, je zwei und zwei: Das wär doch was für den kleinen Jungen, wenn er schon keine Soldaten mag.

»Sicherlich haben Sie recht«, sagt die Fremde. »Sicherlich. Aber dies alles, Frau Gusta, nimmt zu viel Platz ein. Ich wüsste nicht, wo wir es tagsüber hintun sollten.«

»No«, meint die Gusta und breitet die Arme über den Ladentisch. »Dann ist's wohl am besten, wenn Sie sich selber was aussuchen tun. Sie dürfen auch alles anfassen, was Sie wollen. Und tun Sie sich, bitt schön, Zeit lassen, ja? Es kommt mir auf paar Minuten wirklich nicht an.«

Die Fremde bedankt sich, das sei sehr freundlich von der Frau Gusta. Dann blickt sie sich auf dem Ladentisch suchend um. Ein paarmal berührt sie das eine oder das andere Stück mit den Fingerspitzen. Sie prüft eine hölzerne Kinderklapper, sie prüft eine kleine Trompete, dann eine Kuckuckspfeife. Schließlich greift sie nach einer der Glaskugeln mit der Muttergottes, und wie es dann in der Kugel zu schneien anfängt, lacht sie und meint: »Das ist wirklich lustig … Was sich die Leute nicht alles ausdenken!«

Ihr Lachen klingt hell und ist voller Anmut. Wenn Pietschfranzen seligs Gusta sich später daran erinnert hat, musste sie immer denken: »Wie silberne Glöckerlen hat's geklungen, wie silberne Glöckerlen.«

Zu guter Letzt hat die Fremde sich eines der hölzernen Schafe herausgelangt aus der Schar der Krippenfiguren. Das Schaf hat auf einem grünen Brettchen gelegen, als läge es auf der Weide. »Das nehm ich«, entschied sie. »Das wird meinem kleinen Jungen gefallen, was kostet es?«

»Das da?« Pietschfranzens Gusta nahm ihr das Schaf aus der Hand und besah es sich aus der Nähe. »Muss es gerade das sein? Wo es doch einen dunklen Fleck hat, da auf dem Rücken. Manchmal, wissen Sie, gibt es ja solche Stücke mit kleinen Fehlern. Tun Sie ock lieber ein anderes nehmen, ein richtig weißes.«

Schon wollte die Gusta das Schaf mit dem kleinen Fehler gegen ein anderes austauschen, aber die Fremde hat das nicht zugelassen. »Nein, nein«, widersprach sie. »Ich kenne doch meinen Jungen. Schafe mit kleinen Fehlern sind ihm die allerliebsten. Geben Sie mir's nur wieder, Frau Gusta, und sagen Sie, was es kostet.«

»Eigentlich müsst ich zwei Heller dafür verlangen«, antwortete die Gusta. »Aber Sie sollen es, junge Frau, um die Hälfte kriegen, weil's ja den kleinen Fehler hat. Soll ich es Ihnen ein bissl einpacken?«

»Dank schön, nicht nötig«, erwidert die Fremde. »Das nehme ich unter den Mantel, ich hab's ja nicht weit.«

»So, so«, meint die Gusta erstaunt. »Dann wohnen Sie also hier in der Nähe?«

»Schon lang«, sagt die Fremde. »Schon länger als Sie, Frau Gusta.«

Spätestens jetzt hätte Pietschfranzens Gusta aufhorchen müssen und stutzen, aber sie kommt nicht dazu. Die Fremde hält in der Linken das kleine Schaf und holt mit der Rechten unter dem Mantel ein Geldstück hervor. Nein, kein Geldstück – es ist eine Perle, in Gold gefasst. »Sie müssen entschuldigen«, sagt sie. »Leider hab ich kein Geld bei mir, nicht einmal einen Heller. Aber wenn's Ihnen recht ist, dann nehmen Sie das da …«

Damit legt sie der Gusta die Perle aufs Zahlpult, dann geht sie davon. Sie geht nicht, sie wandelt über den Schnee zurück, von woher sie gekommen ist, auf die Kirche zu. Und erst jetzt, in dem Augenblick, da sie die Treppe emporsteigt, dämmert es Pietschfranzens Gusta, wem sie das kleine Schaf mit dem dunklen Fleck verkauft hat. Und wie sich nun das Portal der Kirche öffnet – bloß einen Spaltbreit, die nicht mehr Fremde ist ja so zart und schmal –, da strahlt es für ein paar Augenblicke hervor wie das schiere Himmelreich. »Mein Gott!«, durchfährt es die Gusta. »Wo hab ich denn meine Augen gehabt? Ich hätte sie doch erkennen müssen!«

Die Gute, man wird es ihr nicht verdenken können, ist vollkommen durcheinander gewesen. Nach allem, was ihr da widerfahren ist, kann sie nur eines tun, und das tut sie auch: Sie fällt auf die Knie und bittet die Muttergottes um Nachsicht. »Ich hab ja mit dir gesprochen«, sagt sie, »als

möchtest du eine ganz gewöhnliche Frau aus'm Dorfe gewesen sein. Und ich hätt mich doch hinwerfen müssen zu deinen Füßen und dir den Saum des Gewandes küssen. Tu mir's ock, bitt schön, nicht übel nehmen in deiner Gnade, ich hab ja nicht wissen können, dass du es gewesen bist.«

So betet sie um Vergebung, die Gusta, bis es vom Uhrturm der Wallfahrtskirche halb eins schlägt. Dann erhebt sie sich ächzend, schließt ihre Bude zu und geht heim.

Am anderen Morgen, dem Morgen des Weihnachtstages, hat Pietschfranzens seligs Gusta zunächst gemeint: »Was für ein schöner Traum das gewesen ist heute Nacht, wie die Mutter Maria zu mir an den Stand gekommen ist und das kleine Schaf gekauft hat nach langem Suchen. Und immer hat sie Frau Gusta zu mir gesagt – und ich hab sie junge Frau genannt, einfach so …«

Wie aber dann die Frau Witwe Gusta in ihrer Ladenkasse die Perle erblickt hat, die goldgefasste, da hat sie zum zweiten Mal einen heiligen Schrecken bekommen. Denn nicht nur hatte sie nun den Beweis vor Augen, dass sie dies alles keineswegs bloß geträumt haben konnte: Es ist ihr, bei näherem Hinsehen, jetzt auch klar geworden, was ihr die Muttergottes da heute Nacht auf das Zahlpult gelegt hatte. »Gott im Himmel«, musste die Gute beim Anblick der Perle denken. »Darf ich das jemals im Leben annehmen?« Was also war zu tun? Damals hat es im Kloster neben der Haindorfer Wallfahrtskirche noch Franziskaner gegeben. Pietschfranzens Gusta hätte dem Pater Guardian alles erzählen und ihn drum bitten können, er möge, um Himmels willen, der Mutter Maria die Perle doch wieder zurückbringen auf den Hochaltar. Das wäre vermutlich nicht schwierig gewesen für den Herrn Pater Guardian – bloß: Wer trennt sich schon gerne von einer Perle, die ihm die Muttergottes mit eigener Hand in Zahlung gegeben hat? »Ne, ne«, dachte Pietschfranzens Gusta. »Die möcht ich mir schon behalten, wenn's irgendwie geht …« Und dann ist ihr was eingefallen, was ganz Gescheites.

Am ersten Tag nach den Feiertagen hat sie, zum allergrößten Erstaunen vom Würstlmann und der Hütter-Karline, vor ihre Bude ein Schild gehängt: UMSTÄNDEHALBER GESCHLOSSEN. Sie selbst aber ist mit der Bahn hinübergefahren nach Reichenberg. Dort ist sie zum Goldschmied Sieber am Altstädter Platz gegangen, dem hat sie die Perle vorgelegt. Was man denn billigerweise dafür verlangen könnte, hat sie gefragt. Und der Herr Goldschmied Sieber hat Perle und Fassung auf dreihundert Kronen geschätzt, unter Freunden. Ob die Frau Gusta sie denn veräußern möchte?

»Ne«, hat die Gusta gesagt: »Das ist es ja eben, Herr Sieber, ich möcht sie ja doch so gerne behalten.«

Dann hat sie auf der Reichenberger Sparkassa dreihundert Kronen von ihrem Sparbüchl abgehoben, das war für sie eine Menge Geld. Und wieder nach Haindorf zurückgekehrt, mit dem Fünfuhrzug, ist sie vom Bahnhof weg in die Kirche gegangen und hat in den Opferstock vor dem Gnadenbild einen dicken Umschlag geschoben, mit dreihundert Kronen drin, abzüglich jenen einen Heller, um den sie das Schaf verkauft hatte, nämlich glatte Rechnung ist glatte Rechnung.

So hat sie nun guten Gewissens die Perle doch noch behalten können. Und niemand hat von der Sache jemals etwas erfahren, schon gar nicht die Hütter-Karline. Nämlich die hätte sich höchstens darüber lustig gemacht und den Kopf geschüttelt. »So was bringst auch bloß du fertig!«, hätte sie wohl zur Gusta gesagt. »Wenn mir das passiert wäre – weißt du, was ich getan hätte? Dank schön hätt ich zur Muttergottes gesagt, und damit wär die Geschichte erledigt gewesen für mich.«

Ja, die Hütter-Karline. Vielleicht ist es eben doch kein Zufall gewesen, dass die Mutter Maria von Haindorf damals, an jenem Heiligen Abend, das Schaf mit dem kleinen Fehler bei Pietschfranzen seligs Gusta gekauft hat und nicht bei ihr.

E.T.A. Hoffmann

Nussknacker &
Mausekönig

Der Weihnachtsabend

Am vierundzwanzigsten Dezember durften die Kinder des Medizinalrats Stahlbaum den ganzen Tag über nicht ins Wohnzimmer hinein. In einem Winkel ihres Zimmers saßen Fritz und Marie. Die Abenddämmerung war hereingebrochen und Fritz verriet geheimnisvoll flüsternd seiner jüngeren Schwester, wie er es schon seit frühmorgens in dem verschlossenen Zimmer habe rauschen und rasseln und leise klopfen hören. Auch sei vor Kurzem ein kleiner dunkler Mann mit einem großen Kasten unter dem Arm über den Flur geschlichen. Fritz wisse aber wohl, dass es niemand anders als Pate Drosselmeier gewesen sei.

Obergerichtsrat Drosselmeier war gar kein hübscher Mann. Nur klein und mager, mit vielen Runzeln im Gesicht, und auf dem rechten Auge hatte er ein Pflaster. Weil er kaum Haare hatte, trug er eine sehr schöne weiße Perücke – die war aber aus Glas und ein kunstvolles Stück Arbeit. Überhaupt war der Pate ein sehr geschickter Mann, der sich sogar auf Uhren verstand und selbst welche machen konnte. Wenn eine von den schönen Uhren im Haus der Stahlbaums krank war, dann kam Pate Drosselmeier. Mit spitzen Instrumenten stach er in die Uhr hinein, sodass es der kleinen Marie ganz weh wurde. Doch der Pate verursachte der Uhr keinen Schaden, vielmehr brachte er sie wieder zum fröhlichen Schlagen und Singen und Schnurren. Und zu Weihnachten hatte er den Kindern stets ein schönes Geschenk gebastelt.

Die Gaben

Nie war den Kindern so viel Schönes von den Eltern geschenkt worden wie dieses Mal. Eben wollten Fritz und Marie ihre neuen Bilderbücher anschauen, als nochmals geklingelt wurde. Sie wussten, dass nun der Pate Drosselmeier bescheren würde, und liefen herbei. Was erblickten da die Kinder! Auf einem grünen, mit bunten Blumen geschmückten Rasenplatz stand ein herrliches Schloss mit vielen Fenstern und goldenen Türmen. Ein Glockenspiel erklang, Türen und Fenster öffneten sich und man sah, wie kleine zierliche Figuren in den Sälen herumspazierten. Und auch eine Miniatur von Pate Drosselmeier selbst, kaum höher als Papas Daumen, war darunter.

Nach einer Weile, als sich die Figuren auf immerfort dieselbe Weise hin und her bewegten, rief Fritz ungeduldig: »Pate Drosselmeier, geh doch mal in die andere Richtung!«

Verdrießlich erwiderte der Obergerichtsrat: »Ei, das geht nicht. Wie die Mechanik nun einmal gemacht ist, so muss sie bleiben.«

Der Schützling

Auf dem Weihnachtstisch, dicht am Baum, war noch ein Geschenk. Ein kleiner Mann, der still und bescheiden dastand, als warte er darauf, wann die Reihe an ihn kommen werde.

Marie betrachtete den netten Mann, den sie auf den ersten Blick lieb gewonnen hatte, und sie bemerkte, welche Gutmütigkeit auf seinem Gesicht lag. Schließlich rief sie aus: »Ach, lieber Vater, wem gehört denn der allerliebste kleine Mann?«

»Der, liebes Kind«, antwortete der Vater, »soll für euch alle fein die harten Nüsse aufbeißen.«

Als sie vor Freude jauchzte, sprach der Vater: »Da dir, liebe Marie, Freund Nussknacker so sehr gefällt, sollst du ihn auch besonders hüten und schützen, wobei Fritz ihn genauso gebrauchen kann wie du!«

Fritz sprang hinzu und lachte von Herzen über den kleinen drolligen Mann. Er schob die größten und härtesten Nüsse in seinen Mund hinein, doch mit einem Mal ging es krack, krack, drei Zähnchen fielen ihm aus und sein Kinn war lose und wacklig. Laut schrie Marie auf: »Ach, mein armer lieber Nussknacker!«, und nahm ihn Fritz aus den Händen. Weinend suchte sie Nussknackers verlorene Zähnchen zusammen. Um das kranke Kinn wickelte sie ein Band, das sie von ihrem Kleid abgelöst hatte. Sorgsam verarztete sie den armen Kleinen, der sehr blass und erschrocken aussah, mit ihrem Taschentuch.

Als nun Pate Drosselmeier so sehr lachte und immerfort fragte, warum sie sich denn um einen grundhässlichen kleinen Kerl so sorgte, wurde Marie recht böse, wie es sonst gar nicht ihre Art war. Ernst sagte sie: »Wer weiß, lieber Pate, ob du denn, wenn du dich auch so herausputztest wie mein lieber Nussknacker, ebenso hübsch aussehen würdest wie er!«

Wunderdinge

Im Wohnzimmer stand ein hoher Glasschrank, in welchem die Kinder all die schönen Sachen, die ihnen jedes Jahr beschert wurden, aufbewahrten. Die beiden untersten Fächer durften Marie und Fritz füllen, wie sie wollten. Maries Puppen wohnten in der untersten Schublade und Fritz' Soldaten bezogen in dem Fach darüber ihr Quartier.

Es war später Abend geworden, beinahe schon Mitternacht. Pate Drosselmeier war längst fortgegangen. Sosehr die Mutter auch mahnte, dass sie doch endlich zu Bett gehen sollte, Marie konnte sich nicht vom Glasschrank trennen. »Lass mich nur noch ein Weilchen hier spielen, liebe Mutter!«

Sobald Marie alleine war, tat sie schnell, was ihr so sehr am Herzen lag. Behutsam legte sie den kranken Nussknacker auf den Tisch und sah nach seinen Wunden. »Ach, Nussknackerchen«, sprach sie leise, »nun will ich dich so lange pflegen, bis du wieder ganz gesund und fröhlich bist.«

Marie nahm das Bett ihrer Puppe Klärchen hervor, legte leise und sanft Nussknackerchen hinein und deckte ihn zärtlich zu. Dann stellte sie das Bettchen samt dem Nussknacker in das obere Fach, sodass es dicht neben dem schönen Dorf zu stehen kam, wo Fritz' Soldaten ihr Quartier bezogen hatten. Sie verschloss den Schrank und wollte ins Kinderzimmer, da fing es an, leise, leise zu wispern und zu flüstern und zu rascheln ringsherum. Hinter dem Ofen, hinter den Stühlen, hinter den Schränken. Die Wanduhr schnurrte lauter und lauter, aber sie konnte nicht schlagen. Und noch lauter schnurrte es mit vernehmlichen Worten: »Uhr, Uhre, Uhre, Uhren,

108

müsst alle nur leise schnurren. Mausekönig hat ja wohl ein feines Ohr – purrpurr – pum pum, schlag an, Glöcklein, schlag an, bald ist es um ihn getan!« Und pum pum schlug es ganz dumpf und heiser zwölf Mal! Marie wurde ganz schaurig zumute und beinahe wäre sie entsetzt davongelaufen, als sie Pate Drosselmeier erblickte, der plötzlich auf der Wanduhr saß.

Ein tolles Kichern und Gepfeife ertönte und bald trappelten tausend kleine Füßchen und tausend kleine Lichterchen blitzten aus den Ritzen der Dielen.

Aber nein, es waren kleine funkelnde Augen und Marie erkannte, dass überall Mäuse hervorguckten und sich herausarbeiteten. Mit einem Mal begann es so entsetzlich und schneidend zu pfeifen, dass es Marie eiskalt über den Rücken lief! Dicht vor ihren Füßen sprühte es, wie von unterirdischer Gewalt getrieben, Sand und Kalk und zerbröckelte Mauersteine hervor und sieben Mäuseköpfe mit sieben hell funkelnden Kronen erhoben sich aus dem Boden. Bald arbeitete sich auch der Mäusekörper, an dessen Hals die sieben Köpfe angewachsen waren, vollends heraus und der großen Maus jubelte das ganze Heer entgegen, das sich nun auf einmal in Bewegung setzte, geradewegs auf den Schrank – geradewegs auf Marie zu, die noch dicht an der Glastür des Schrankes stand.

Vor Angst und Grauen ganz benommen wankte sie zurück, da ging es klirr – klirr – prr, und die Glasscheibe des Schrankes zersprang in Scherben. In diesem Augenblick spürte Marie einen stechenden Schmerz am linken Arm, aber es war ihr auch plötzlich viel leichter ums Herz. Sie hörte kein Quieken und Pfeifen mehr, es war ganz still geworden. Aber was war denn das? Dicht hinter Marie rumorte es im Schrank auf seltsame Weise und ganz feine Stimmchen summten: »Aufgewacht – aufgewacht – woll'n zur Schlacht!«

Aus dem Schrank erstrahlte ein sonderbares Leuchten. Mehrere Puppen liefen durcheinander und fuchtelten mit ihren kleinen Armen herum.

Mit einem Mal erhob sich Nussknacker, warf die Decke weit von sich und sprang mit beiden Füßen zugleich aus dem Bett. Laut rief er: »Knack – knack – knack – dummes Mausepack, dummer toller Schnack. – Ihr, meine lieben Gefährten, Freunde und Brüder, wollt ihr mir beistehen im harten Kampf?« Dann wagte er den gefährlichen Sprung vom oberen Fach herab.

Die Schlacht

Nussknacker schrie: »Schlag den Generalmarsch, getreuer Trommler!« Und sogleich fing der Trommler an zu wirbeln. Nun krackte und klapperte es drinnen und Marie sah, dass sich die Deckel sämtlicher Schachteln, in welchen Fritz' Armee einquartiert war, öffneten und die Soldaten herausprangen, um sich zu sammeln. Nussknacker lief hin und her, ermunterte seine Truppen und Fritz' Reiter rückten aus und formierten sich auf dem Fußboden.

111

Fußboden. Nun marschierte Regiment auf Regiment am Nussknacker vorüber und stellte sich in breiter Reihe auf. Die Mäuse kamen aber dennoch immer näher, überrannten sogar einige Kanonen, aber vor Rauch und Staub konnte Marie kaum sehen, was nun geschah.

Doch so viel war gewiss, jede Truppe kämpfte erbittert und der Sieg war lange ungewiss. Prr – prr – puff, piff – schnetterdeng – bum, burum – ging es wild durcheinander. Mausekönig und Mäuse quiekten und schrien. Dann plötzlich war Nussknacker, vom Feinde dicht umringt, in höchster Not. Zwei Mäuse packten ihn am hölzernen Mantel und mit quiekendem Triumphgeheul sprengte Mausekönig heran. Schluchzend rief Marie: »O mein armer Nussknacker!« Griff – ohne recht zu wissen, was sie tat – nach ihrem linken Schuh und schleuderte ihn voller Wut auf den Mausekönig.

In diesem Augenblick verschwand die Mäuseschar, aber Marie verspürte am linken Arm einen noch stechenderen Schmerz als vorher und sank ohnmächtig nieder.

Die Krankheit

Als Marie erwachte, lag sie in ihrem Bettchen und die Sonne schien hell und funkelnd durchs Fenster. Neben ihr saß der Doktor Wendelstern. Die Mutter sah sie mit ängstlich forschenden Blicken an.

Marie sprach: »Ach, liebe Mutter, sind denn nun die garstigen Mäuse alle fort und ist der gute Nussknacker gerettet?«

Die Mutter erwiderte: »Sprich nicht so albernes Zeug, liebe Marie. Mag sein, dass ein Mäuschen dich erschreckt hat. Du hast dich an der Glasscheibe des Schrankes verletzt. Wir fanden dich ohnmächtig auf dem Boden, um dich herum lagen Fritzens Bleisoldaten und deine Puppen. Den Nussknacker hieltest du im Arm und nicht weit von dir lag dein linker Schuh.«

Marie fiel ein: »Das waren ja noch die Spuren von der großen Schlacht zwischen den Puppen und den Mäusen.«

Doktor Wendelstern blinzelte der Mutter zu und diese sprach sehr sanft: »Schon gut, mein liebes Kind! Beruhige dich, die Mäuse sind alle fort und Nussknackerchen steht gesund und munter im Glasschrank.«

Nun trat der Vater ins Zimmer und sprach lange mit dem Doktor. Marie hörte, dass von einem Wundfieber die Rede war und sie einige Tage im Bett bleiben musste.

Es dämmerte bereits, da ging die Tür auf und Pate Drosselmeier trat mit den Worten ein: »Nun muss ich aber wirklich einmal selbst sehen, wie es um meine kranke Marie steht.« Als Marie den Paten erblickte, rief sie ihm entgegen: »O Pate Drosselmeier, du bist gemein gewesen. Ich habe gesehen, wie du auf der Uhr saßest, dass sie nicht laut schlagen konnte, weil sonst die Mäuse verscheucht worden wären. Ich habe gehört, wie du den Mausekönig riefst! Warum kamst du uns nicht zu Hilfe?«

Aber der Pate Drosselmeier schnitt nur seltsame Grimassen und sprach mit schnarrender, eintöniger Stimme: »Perpendikel musste schnurren – picken – wollte sich nicht schicken – Uhren – Uhren – Uhrenperpendikel müssen schnurren –«, wobei er mit den Armen hin und her schlug wie eine Marionette.

Die Mutter sagte sehr ernst: »Lieber Herr Obergerichtsrat, das ist ja ein recht seltsamer Spaß!«

»Erkennen Sie denn nicht mein hübsches Uhrmacherliedchen?«, erwiderte Drosselmeier lachend. »Das singe ich stets bei Patienten wie Marie.«

Er setzte sich an Maries Bett und sprach: »Verzeih, dass ich dem Mausekönig nicht alle vierzehn Augen ausgehackt habe, doch es konnte nicht sein. Ich will dir aber trotzdem eine Freude machen.« Der Obergerichtsrat zog aus seiner Tasche den Nussknacker hervor, dem er geschickt die verlorenen Zähnchen wieder eingesetzt und das Kinn eingerenkt hatte.

Dann fuhr er fort: »Du musst aber doch zugeben, dass Nussknacker nicht eben schön zu nennen ist. Lass mich erzählen, wie so viel Hässlichkeit entstanden ist. Kennst du die Geschichte von Prinzessin Pirlipat, der Hexe Mauserinks und dem kunstvollen Uhrmacher?«

Das Märchen von der harten Nuss

»Pirlipats Mutter war die Frau eines Königs und Pirlipat selbst eine geborene Prinzessin. Der König war außer sich vor Freude über das schöne Töchterchen.

Alles war vergnügt, nur die Königin war ängstlich und unruhig und ließ Pirlipats Wiege sorgsam bewachen. Vor den Türen standen Leibwächter und sechs Wärterinnen saßen Nacht für Nacht an Pirlipats Wiege. Jede dieser Wärterinnen hatte einen Kater auf den Schoß zu nehmen und ihn die ganze Nacht zu streicheln, sodass er immerzu schnurren musste.

Es begab sich, dass am Hof von Pirlipats Vater viele vortreffliche Könige und Prinzen versammelt waren. Der König ordnete daher einen großen Wurstschmaus an. In der Küche wurde Feuer gemacht, die Königin band ihre Küchenschürze um und bald dampfte aus dem Kessel der süße Duft von Wurstsuppe.

Eben wollte die Königin den Speck anbraten, da hörte sie ein feines, wisperndes Stimmchen: ›Von dem Brätlein gib mir auch, Schwester! Will auch schmausen, bin ja auch Königin!‹ Die Königin wusste wohl, dass es Frau Mauserinks war. Frau Mauserinks wohnte schon viele Jahre in des Königs Palast. Sie behauptete, mit der königlichen Familie verwandt und selbst Königin im Reich Mausolien zu sein.

Deshalb hatte sie auch große Macht unter den Mäusen. Die Königin war eine gute, mildtätige Frau und rief: ›Kommt nur hervor! Ihr könnt gern von meinem Speck genießen.‹ Da kam Frau Mauserinks hervorgehüpft und ergriff mit den zierlichen kleinen Pfötchen ein Stück Speck nach dem andern. Doch plötzlich kamen alle Onkel und Tanten der Frau Mauserinks herbeigesprungen und auch ihre sieben Söhne machten sich über den

Speck her. Zum Glück kam die Küchen-
magd dazu und verjagte die zudringli-
chen Gäste, sodass noch ein kleiner
Rest Speck übrig blieb.

Pauken und Trompeten er-
schallten und alle anwesenden
Könige und Prinzen kamen zum
Wurstschmaus. Der König aber,
als er die Würste kostete, klagte
und stöhnte. Ganz leise sprach
er: ›Zu wenig Speck.‹

Und er beschloss Rache zu nehmen. Er übertrug die Aufgabe dem
Hofuhrmacher und Geheimwissenschaftler Christian Elias Drosselmeier, der
ebenso hieß wie ich, und der versprach, Frau
Mauserinks samt ihrer Familie für immer aus dem Palast zu vertreiben.
Er erfand kleine Maschinen, in die an einem Fädchen gebratener Speck
gelegt wurde. Diese Mausefallen stellte Drosselmeier rings um die Wohnung der Speckfresserin auf. Frau Mauserinks selbst war viel zu schlau,
um Drosselmeiers List nicht zu erkennen. Doch ihre sieben Söhne und
viele, viele Onkel und Tanten gingen in Drosselmeiers Fallen und wurden
gefangen, als sie vom Speck naschen wollten.

Frau Mauserinks verließ das Schloss. Der Hof jubelte sehr, aber die Königin war besorgt, weil sie wusste, dass Frau Mauserinks den Tod ihrer
Söhne und Verwandten nicht ungerächt lassen würde.«

Fortsetzung des Märchens von der harten Nuss

Am nächsten Abend fuhr Pate Drosselmeier fort: »Es war schon Mitternacht, als eine der Wärterinnen an der Wiege eine große, hässliche Maus
erblickte, die auf den Hinterbeinen stand und ihren widerlichen Kopf auf

das Gesicht der Prinzessin gelegt hatte. Mit einem Schrei sprang die Wärterin auf, doch Frau Mauserinks war längst durch eine Ritze im Fußboden verschwunden. Groß war der Schrecken, als die Wärterinnen sahen, was aus dem schönen, zarten Kind geworden war. Statt des goldgelockten Engelsköpfchens saß nun ein unförmiger dicker Kopf auf einem winzig kleinen zusammengekrümmten Körper.

Der König schob alle Schuld auf den Hofuhrmacher und Geheimwissenschaftler Christian Elias Drosselmeier. Der sollte binnen vier Wochen die Prinzessin Pirlipat zurückverwandeln oder ein sicheres Mittel finden, wie dies zu bewerkstelligen sei. Andernfalls müsse er sterben. Drosselmeier versank an Pirlipats Wiege in Schwermut, das Prinzesschen aber knackte vergnügt Nüsse. Zum ersten Mal fielen ihm da Pirlipats ungewöhnlicher Appetit auf Nüsse und der Umstand auf, dass sie mit Zähnchen zur Welt gekommen war. Er bat um die Erlaubnis, mit seinem lieben Freund, dem Hofastronomen, sprechen zu dürfen. Beide Herren berieten sich. Schließlich fanden sie heraus, dass die Prinzessin nichts weiter zu tun hätte, als vom süßen Kern der Nuss Krakatuk zu naschen. Diese harte Nuss musste aber von einem Mann, der noch nie rasiert worden war und niemals Stiefel getragen hatte, für die Prinzessin aufgebissen und mit geschlossenen Augen überreicht werden. Erst nachdem er sieben Schritte rückwärts gegangen war, ohne zu stolpern, durfte der junge Mann wieder die Augen öffnen. Der König befahl, dass Uhrmacher und Astronom sich auf den Weg machen sollten, um nach der Nuss Krakatuk zu suchen.«

Schluss des Märchens von der harten Nuss

»Nachdem Drosselmeier und der Hofastronom fünfzehn Jahre lang erfolglos nach der Nuss gesucht hatten, überkam Drosselmeier eine große Sehnsucht nach seiner Heimatstadt Nürnberg.

Kaum waren sie dort angekommen, besuchte Drosselmeier gleich seinen Vetter Zacharias Drosselmeier. Als er ihm die ganze Geschichte erzählt hatte, rief Christoph Zacharias: ›Ihr seid gerettet! Denn ich besitze die Nuss Krakatuk.‹ Aus einer Schachtel zog er eine vergoldete Nuss hervor, in deren Schale das Wort Krakatuk mit chinesischen Schriftzeichen eingegraben stand.

Da sprach der Astronom: ›Bester Herr Kollege, nicht nur die Nuss Krakatuk, sondern auch den jungen Mann, der sie aufbeißt, haben wir gefunden! Ich meine niemand anderen als den Sohn Eures Vetters!‹ Der war ein netter, hübscher Junge, der noch nie rasiert worden war und niemals Stiefel getragen hatte. An den Weihnachtstagen knackte er den jungen Mädchen stets die Nüsse auf, weshalb sie ihn auch Nussknackerchen nannten.

Als Drosselmeier und der Astronom mit dem Jungen und der Nuss zum Schloss des Königs kamen, hatten sich dort schon viele Leute eingefunden. Zahlreiche Prinzen versuchten sich an der Entzauberung der Prinzessin. Einer nach dem anderen biss sich an der Nuss Krakatuk Zähne und Kinnbacken wund. Dem König war angst und bange und so versprach er demjenigen, dem es gelänge, seine Tochter zu erlösen, sein Reich und die Hand von Prinzessin Pirlipat.

Der junge Drosselmeier zerbiss die Schale der Nuss Krakatuk ohne Mühe. Den Kern überreichte er der Prinzessin, dann schloss er die Augen und begann rückwärts zu gehen. Die Prinzessin schluckte den Kern und – o Wunder! – verschwunden war ihre Missgestalt. Eben streckte der junge Drosselmeier seinen rechten Fuß zum siebten Schritt aus, da erhob sich, hässlich piepend und quiekend, Frau Mauserinks aus dem Fußboden. Der Junge stolperte, beinahe wäre er gefallen. Und – o Missgeschick! Urplötzlich war der Jüngling ebenso hässlich, wie es vorher Pirlipat gewesen war.

Uhrmacher und Astronom waren außer sich vor Entsetzen. Frau Mauserinks aber quiekte: ›Fein Nussknackerlein, wirst auch bald des Todes sein. Söhnlein mit den sieben Kronen wird's dem Nussknacker lohnen, wird die Mutter rächen fein!‹

Die Prinzessin erinnerte den König an sein Versprechen, doch als sie den jungen Helden in seiner Missgestalt sah, hielt Pirlipat beide Hände vors Gesicht und schrie: ›Fort, fort mit dem abscheulichen Nussknacker!‹

Der König war voller Wut, dass man ihm einen Nussknacker als Schwiegersohn aufdrängen wollte. Er schob alles auf das Ungeschick des Uhrmachers und des Astronomen und verwies beide für immer vom königlichen Hof.

Der Astronom ließ sich nicht abhalten, ein Horoskop zu erstellen, und in den Sternen las er, dass der junge Drosselmeier trotz seiner Ungestalt Prinz und König werden würde. Seine Missgestalt konnte aber nur dann verschwinden, wenn er den Mausekönig, den Frau Mauserinks nach dem Tod ihrer sieben anderen Söhne mit sieben Köpfen geboren hatte, besiegte und ein Mädchen fand, das ihn trotz seiner Hässlichkeit lieb gewinnen werde.

Das ist das Märchen von der harten Nuss, und nun ist auch klar, warum die Leute so oft sagen: ›Das war eine harte Nuss!‹«

Onkel und Neffe

Marie hatte beinah eine ganze Woche im Bett zubringen müssen. Endlich aber wurde sie gesund und konnte wieder im Zimmer umherspringen. Vor allem aber konnte sie mit dem Nussknacker spielen. Als sie ihn nun glücklich anblickte, da wurde ihr plötzlich ganz eng ums Herz. Denn nun wusste sie, dass ihr Nussknacker kein anderer sein konnte als der junge Drosselmeier aus Nürnberg. Die Prophezeiung des Hofastronomen war eingetroffen und der junge Drosselmeier König des Puppenreichs geworden. Laut sagte sie zu ihm: »Wenn Sie auch nicht imstande sind, sich zu bewegen oder ein Wörtchen mit mir zu sprechen, lieber Herr Drosselmeier, so weiß ich doch, dass Sie mich verstehen und wissen, wie gut ich es mit Ihnen meine.«

Die Dämmerung war hereingebrochen, und bald saßen die ganze Familie und Pate Drosselmeier plaudernd beisammen. Marie hatte ganz still ihr kleines Stühlchen herbeigeholt und sich zu ihrem Paten gesetzt.

Als gerade einmal alle schwiegen, sah Marie mit ihren großen Augen dem Obergerichtsrat starr ins Gesicht und sprach: »Ich weiß jetzt, lieber Pate Drosselmeier, dass mein Nussknacker dein Neffe, der junge Drosselmeier aus Nürnberg, ist. Warum hilfst du ihm denn nicht?«

Lächelnd nahm Pate Drosselmeier die kleine Marie auf den Schoß und sprach sanfter als je zuvor: »Ei, liebe Marie, du bist ja viel klüger als wir alle und du bist eine wirkliche Prinzessin. Aber viel hast du zu leiden, wenn du dich des armen Nussknackers annehmen willst, da ihm der Mausekönig stets auf den Fersen ist. Doch nicht ich – du, nur du allein kannst ihn retten. Sei tapfer, mutig und treu.«

Der Sieg

In einer mondhellen Nacht wurde Marie durch ein seltsames Poltern geweckt, das aus einer Ecke des Zimmers zu kommen schien. Sie konnte sich nicht rühren, als sie sah, wie der Mausekönig sich mit funkelnden Augen durch ein Loch in der Mauer hervorarbeitete und auf den kleinen Tisch, der dicht neben Maries Bett stand, sprang. »Musst mir deine Zuckererbsen – dein Marzipan geben, klein Ding – sonst zerbeiß ich deinen Nussknacker!« So pfiff Mausekönig, knapperte und knirschte dabei hässlich mit den Zähnen. Dann sprang er schnell wieder fort durch das Mauerloch.

Marie war so verängstigt, dass sie am anderen Morgen ganz blass aussah. Sie wusste aber, dass sie, um den Nussknacker zu retten, ihre Zuckererbsen und das Marzipan hergeben müsse. Also legte sie alles, was sie besaß, am Abend vor den Schrank. Am nächsten Morgen sagte die Mutter: »Ich weiß nicht, woher die Mäuse mit einem Mal kommen. Sieh nur, Marie! Sie haben all deine Süßigkeiten aufgefressen.« Marie aber freute sich sehr, da sie ihren Nussknacker gerettet glaubte.

Doch in der folgenden Nacht piepte und quiekte es in Maries Ohr: »Gib heraus, gib heraus deine Bilderbücher, dein Kleidchen dazu, sonst hast keine Ruh!«

Kaum befand sich Marie am Morgen allein im Wohnzimmer, als sie vor den Glasschrank trat und schluchzend zum Nussknacker sprach: »Ach mein lieber, guter Herr Drosselmeier, was kann ich nur für Sie tun? Wird der Mausekönig denn nicht noch immer mehr verlangen, sodass er zuletzt gar mich selbst statt Euch zerbeißen wollen wird?«

Behutsam nahm sie Nussknacker aus dem Fach. Der begann sich plötzlich zu regen und mühsam sagte er: »Ach, liebe Marie, ich verdanke dir so viel. Nein, kein Kleidchen sollst du für mich opfern. Beschaff mir nur ein Schwert, mag er –« Dem Nussknacker ging die Sprache aus und seine wehmütigen Augen wurden wieder starr und leblos. Marie beschloss, Fritz zurate zu ziehen. Der sagte: »Was den Säbel betrifft, so kann ich dem Nussknacker helfen.«

Vor lauter Angst konnte Marie in der folgenden Nacht nicht einschlafen. Um Mitternacht war ihr, als höre sie im Wohnzimmer ein seltsames Rumoren, Klirren und Rauschen. Mit einem Mal ging es: »Quiek!« Marie rief: »Der Mausekönig!«, und sprang voll Entsetzen aus dem Bett. Alles blieb still, aber bald klopfte es leise, leise an die Tür und ein feines Stimmchen ließ sich vernehmen: »Liebe Marie, ich bringe gute Nachricht!« Marie erkannte die Stimme des jungen Drosselmeier und öffnete flugs die Tür.

Nussknackerlein stand draußen. Sowie er Marie erblickte, ließ er sich auf ein Knie nieder und sprach: »Du allein warst es, die mich mit Mut stählte. Der Mausekönig ist besiegt!« Damit überreichte er Marie die sieben goldenen Kronen des Mausekönigs.

Nussknacker stand auf und fuhr fort: »Ach, meine allerbeste Marie, was könnte ich dir in diesem Augenblick, da ich meinen Feind überwunden, für herrliche Dinge zeigen. Wenn du nur bereit bist, mir zu folgen!«

Das Puppenreich

Marie folgte dem Nussknacker, bis er vor dem alten, mächtigen Kleiderschrank auf dem Hausflur stehen blieb. Dessen Türen standen offen, sodass Marie deutlich dem Mantel ihres Vater erblickte. Nussknacker kletterte geschickt an den Nähten hinauf und griff nach einer großen Troddel, die auf dem Rücken hing.

Sowie er daran zog, ließ sich eine zierliche Treppe durch den Ärmel herab. Nussknacker rief: »Mir nach, liebe Marie!« Marie folgte ihm, aber kaum war sie durch den Ärmel gestiegen, kaum sah sie zum Kragen heraus, strahlte ihr ein blendendes Licht entgegen. Ganz selig und entzückt rief Marie: »Ach, wie schön ist es hier!« In einiger Entfernung lag ein nettes Dörfchen. Nussknacker sagte: »Das ist Pfefferkuchenheim, welches am Honigstrome liegt. Aber, liebe Marie, lass uns gleich zur Hauptstadt gehen.«

Die Hauptstadt

Voller Bewunderung stand Marie mit einem Mal vor einem in rosenrotem Schimmer leuchtenden Schloss mit hundert luftigen Türmen. Nussknacker sprach: »Nun sind wir vor dem Marzipanschloss.«

In diesem Augenblick ließ sich eine angenehme sanfte Musik hören, die Tore des Schlosses öffneten sich und zwölf kleine Pagen traten heraus.

Ihnen folgten vier Damen, so über die Maßen herrlich herausgeputzt, dass Marie sie sogleich als Prinzessinnen erkannte. Sie umarmten den Nussknacker zärtlich und riefen dabei: »Mein bester Prinz! – O mein Bruder!«

Nussknacker war sehr gerührt. Er nahm Marie bei der Hand und sprach: »Dies ist die tapfere Marie Stahlbaum, die Retterin meines Lebens!«

Die Prinzessinnen umarmten Marie und führten sie und den Nussknacker in einen Saal, dessen Wände aus lauter farbig funkelnden Kristallen bestanden. Die Prinzessinnen sagten, dass sie sogleich ein Mahl bereiten wollten. Während Marie den Schwestern bei der Zubereitung half, erzählte der Nussknacker von dem grausigen Kampf gegen den Mausekönig und seine Gefolgschaft.

Marie war es plötzlich, als klängen seine Worte immer ferner und undeutlicher, bald sah sie alles wie durch Nebel. Ein seltsames Singen und Schwirren und Summen ließ sich vernehmen, trug Marie fort wie steigende Wellen. Immer höher und höher – höher und höher – höher und höher –

Schluss

Prr – puff ging es! – Marie fiel herab. Das war ein Ruck! Sogleich schlug sie die Augen auf. Es war heller Tag, sie lag in ihrem Bett und die Mutter stand vor ihr und sprach: »Wie kann man denn nur so lange schlafen!« Marie war noch ganz betäubt von all den Wunderdingen, die sie gesehen hatte.

Nun erzählte sie alles genau und die Mutter sah sie erstaunt an. Als Marie geendet hatte, sagte sie: »Du hast einen langen, sehr schönen Traum gehabt, liebe Marie.«

Marie bestand jedoch darauf, dass sie nicht geträumt, sondern alles wirklich erlebt hatte. Da führte die Mutter sie an den Glasschrank, nahm den Nussknacker heraus und sprach: »Wie kannst du nur glauben, dass diese Nürnberger Holzpuppe lebendig ist?«

Marie fiel ein: »Aber liebe Mutter, ich weiß genau, dass der kleine Nussknacker der junge Herr Drosselmeier aus Nürnberg ist.«

Nun brachen beide, der Vater und die Mutter, in schallendes Gelächter aus.

Da lief Marie ins andere Zimmer, holte schnell aus ihrem kleinen Kästchen die sieben Kronen des Mausekönigs herbei und überreichte sie der Mutter mit den Worten: »Da sieh nur, das sind die sieben Kronen des Mausekönigs, die mir der junge Herr Drosselmeier zum Zeichen seines Sieges überreicht hat.«

Voll Erstaunen betrachteten Vater und Mutter die kleinen Krönchen.

Doch dann drängten sie Marie sehr ernst, zu gestehen, woher sie die Krönchen habe. Marie konnte ja aber nur bei dem, was sie bereits gesagt hatte, bleiben, und als sie nun der Vater gar eine kleine Lügnerin schimpfte, da fing sie an heftig zu weinen.

In diesem Augenblick ging die Tür auf. Pate Drosselmeier trat ein und rief: »Warum weinst du, Marie?« Der Medizinalrat berichtete, was geschehen war, und zeigte ihm die Krönchen. Kaum hatte der Pate aber diese gesehen, lachte er und rief: »Das sind ja die Krönchen, die ich vor Jahren an meiner Uhrkette trug und die ich der kleinen Marie an ihrem Geburtstag, als sie zwei Jahre alt geworden, schenkte. Wisst ihr's denn nicht mehr?«

Weder der Vater noch die Mutter konnten sich daran erinnern, als aber Marie sah, dass die Gesichter der Eltern wieder freundlich geworden waren, rief sie: »Ach, du weißt ja alles, Pate Drosselmeier. Sag du es doch, dass mein Nussknacker dein Neffe, der junge Herr Drosselmeier aus Nürnberg, ist und dass er mir die Krönchen geschenkt hat!« Der Pate machte aber ein finsteres Gesicht und murmelte: »Dummes Gerede.«

Darauf nahm der Vater die kleine Marie an der Hand und sprach sehr ernst: »Hör jetzt endlich auf, Marie, sonst werf ich den Nussknacker und all deine Puppen zum Fenster hinaus.«

Es begab sich, dass Pate Drosselmeier einmal eine Uhr im Haus des Medizinalrats reparierte. Marie saß am Glasschrank und schaute den Nussknacker an.

Da entfuhr ihr unwillkürlich: »Ach, lieber Herr Drosselmeier, wenn Sie doch nur wirklich lebten, ich würd's bestimmt nicht so machen wie Prinzessin Pirlipat und Sie verschmähen, wenn Sie um meinetwillen aufgehört hätten, ein hübscher Junge zu sein!«

In dem Augenblick geschah ein solcher Knall und Ruck, dass Marie ohnmächtig vom Stuhl sank. Als sie wieder erwachte, sprach die Mutter: »Aber wie kannst du nur vom Stuhl fallen, ein so großes Mädchen! Hier ist der Neffe des Herrn Obergerichtsrats aus Nürnberg, sei schön artig!« Marie blickte auf. Der Pate lächelte zufrieden und an seiner Hand hielt er einen wohl gewachsenen Jungen. Welch angenehme Art der Junge besaß, bewies er gleich dadurch, dass er für Marie eine Menge herrlicher Spielsachen dabeihatte, köstliches Marzipan und dieselben Figuren, welche der Mausekönig zerbissen hatte. Und für Fritz hatte er einen wunderschönen Säbel mitgebracht. Bei Tisch knackte der Junge für die ganze Gesellschaft Nüsse und auch die härtesten widerstanden nicht seinen Zähnen!

Marie war glutrot geworden, als sie ihn erblickte, und noch röter wurde sie, als der junge Drosselmeier sie nach dem Essen bat, mit ihm in das Wohnzimmer an den Glasschrank zu gehen. Der Obergerichtsrat rief: »Spielt nur schön miteinander, ihr Kinder, ich habe nun, da alle meine Uhren richtig gehen, nichts dagegen.«

Kaum war aber der junge Drosselmeier mit Marie allein, als er sich auf ein Knie niederließ und sprach: »O meine allerliebste Marie, du hast mein Leben gerettet. Du sagtest laut, dass du mich nicht verschmähen würdest, wenn ich um deinetwillen hässlich geworden wäre! Sogleich war ich nicht länger ein schnöder Nussknacker und erhielt meine frühere Gestalt wieder. O liebe Marie, willst du mit mir Reich und Krone teilen und mit auf mein Marzipanschloss kommen, denn dort bin ich jetzt König?«

Marie sprach leise: »Lieber Drosselmeier! Du bist ein sanftmütiger, guter Mensch und noch dazu regierst du ein wunderbares Reich. Ja, ich will dich zum Mann nehmen.«

So wurde Marie Drosselmeiers Braut. Nach Jahresfrist hat er sie auf einem goldenen, von silbernen Pferden gezogenen Wagen abgeholt. Auf der Hochzeit tanzten zweiundzwanzigtausend der glänzendsten, mit Perlen und Diamanten geschmückten Figuren und Marie soll noch zur Stunde Königin eines Landes sein, in dem man überall funkelnde Weihnachtswälder, durchsichtige Marzipanschlösser, kurz, die allerherrlichsten, wunderbarsten Dinge erblicken kann, wenn man nur Augen dafür hat.

Das war das Märchen vom Nussknacker und Mausekönig.

Max Kruse

Eine Christnacht
in München

Grad rechtzeitig vor dem Fest war der Schnee jetzt doch noch gekommen. Es schneite, schneite und schneite. Die Wolken hingen tief und weiß, die Schneeflocken wirbelten groß und weiß – und auf der Straße, auf den Bäumen und Hausdächern lag es dicht und weiß.

Weiße Weihnacht in der Münchner Stadt. Da freuten sich alle Kinder.

Ungeduldig warteten sie auf die Bescherung. Alle Fenster im Adventskalender waren schon geöffnet, auf dem Abreißkalender in der Wohnstube prangte schon die große Vierundzwanzig – aber es war, als ob sich alle Uhren miteinander verschworen hätten – sie zeigten alle erst die Mittagsstunde und wollten und wollten nicht rascher gehen.

»Bestimmt sind das heute Schneckenuhren!«, sagte die kleine Kristina. Wann, wann endlich würde die Mutter die Tür zum Weihnachtszimmer aufmachen?

»Ich hab genau aufgepasst«, rief Kristinas Bruder Florian. »Seit einer Stunde ist der große Zeiger jetzt nicht mal fünf Minuten weitergegangen. Es ist furchtbar; einfach fürchterlich!«

Im Weihnachtszimmer raschelte und klapperte es geheimnisvoll. Vater schmückte den Weihnachtsbaum. Sehen konnten es Kristina und Florian zwar nicht, aber das war immer so gewesen. Dafür hörten sie ihn hinter der verschlossenen Tür manchmal halblaut murmeln: »Was meinst, ob hier noch eine rote Kugel hinpassen täte, oder eine gelbe? – Geh, reich mir einmal die Kerzen her, bitt schön. – Gibt es noch Lametta, oder nicht?«

Weil die Kinder gar nicht stillsitzen mochten, schickte sie die Mutter schließlich auf die Straße. Sie ließ sie in die warmen Mäntel schlüpfen und die Wollhandschuhe anziehen. Auf den Kopf bis über die Ohren herab zog sie ihnen die gestrickten Mützen. Eine rote und eine blaue.

»Raus mit euch!«, sagte sie. »Eure Unruhe ist ja nicht zum Aushalten. Geht spielen!«

»Aber was sollen wir denn auf der Straße machen?«, fragte Florian. Er hatte das Gefühl, zu Hause etwas furchtbar Wichtiges zu versäumen.

»Ihr könnt einen Schneemann bauen«, schlug die Mutter vor. »Ihr könnt Schaufenster ansehen, ihr könnt mit anderen Kindem spielen, die auch warten müssen, und ihr könntet den erwachsenen Leuten Pakete und Einkaufstaschen tragen helfen. Denkt einmal daran, dass heut Christnacht ist und wir alle am Heiligen Abend den anderen Menschen eine Freude machen wollen. Gerade die freuen sich am meisten, die es am wenigsten erwarten.«

Ach, aber Kristina und Florian hatten heute gar keine Lust, einen Schneemann zu bauen. Und die Schaufenster der Geschäfte ringsherum kannten sie ja schon in- und auswendig: als ob sie bisher nie hineingeschaut hätten! Ja, was dachte denn ihre Mutter, was sie taten, wenn sie in die Schule gingen oder heimkamen?

Als sie gerade ein wenig fröstelnd mit den Stiefelspitzen im Schnee am Rand des Gehsteiges herumfuhren, sahen sie den alten Tobias Traxl daherkommen. Er kam ganz allein aus dem Hof, in dessen Hinterhaus er wohnte. Die Hände hatte er tief in die Manteltaschen vergraben.

»Grüß di, Tobias«, riefen Kristina und Florian, denn sie kannten den alten Mann, der ihnen öfter mal ein Bonbon oder einen Luftballon schenkte, ganz gut. Na ja, gerade so wie man jemanden kennt, den man manchmal auf der Straße sieht. »Grüß di, Tobias, musst' auch auf d' Bescherung warten?«

»Oh mei«, lachte Tobias Traxl. »Da gibt's nix zum Warten und nix zu bescheren bei mir. Das ist lang her, lasst's mi nachdenken – seit i a Kind war – ja mei – viele, viele Jahre ist's her, dass mir mei Muttere den Baum a'zündt hat!«

»Ja«, fragte Kristina erstaunt, »kaufst du dir jetzt selber was Schönes?«

»A geh weiter!« Tobias Traxl lachte wieder. »Was soll i mir denn kauf'n?

Nein, i geh a bissl in d' Stadt – unter Menschen. S' Jahr über geht's ja ganz gut, aber wenn der Weihnachtsabend kommt, da g'fallt's mir gar net recht in meiner Stub'n, so allein.«

Er ging. Kristina und Florian schauten ihm erstaunt nach. Jetzt verschwand seine gebeugte Gestalt hinter dem Schneeflockenvorhang.

»Meinst du, dass er jemanden findet, mit dem er den Heiligen Abend feiern kann?«, fragte Kristina.

Florian antwortete ihr nicht. Er dachte nach.

Tobias Traxl fuhr zuerst mit der Straßenbahn auf den Karlsplatz, der auch Stachus genannt wird. Hier sind immer die allermeisten Leute.

Viele Menschen waren auch heute hier. Aber keiner achtete auf ihn. Da stand er nun und wischte sich bedächtig eine tauende Schneeflocke aus dem Nacken unter dem Mantelkragen.

»Tobias Traxl –«, sagte er zu sich selbst, »hier ist es nun wiederum für den heutigen Abend zu laut. Die Leute wirbeln durcheinander wie die Schneeflocken – nur dass alles kreuz und quer geht. Denen muss ja das Schnaufen schwerfallen – und dazu noch das Gebirg von Paketen, das ein jeder mit sich herumschleppt, ganz egal ob Mann oder Weib – oh mei – und so abgehetzt wollen die den Heiligen Abend feiern? Ja, pfü Gott, die pfeifen ja wie ausgeleierte Drehorgeln beim Stille-Nacht-Heilige-Nacht-Singen. Aber freilich – das Singen besorgt ja sowieso schon das Radio oder das Fernsehen! – Ja, zu meiner Zeit, als ich noch auf der Empore von der Nepomuk-Kirche gesungen hab … Grad froh kann man sein, dass man allein ist und kein Hahn nach einem kräht!«

Ein wenig trübsinnig ließ er sich durch die Straße schieben und schubsen. »Hoppla – nur nicht so pressant – der Heilige Abend ist doch kein D-Zug, den man grad noch bei der Abfahrt erwischt.«

So kam er auf den Marienplatz, wo vor dem Rathaus die große Tanne als Ständer für zahllose elektrische Kerzen verwendet wurde und die Kaufhäuser ringsherum große Sterne leuchten ließen, damit die Leute in die rechte Weihnachtsstimmung kämen und noch mehr in die rechte Kauflaune. Die Menschen hasteten und drängten sich wie zu den allerkürzesten Geschäftszeiten – ganz unfeierlich.

Nur in der Mitte des Platzes türmte sich neben einem Schutzmann im weißen Ledermantel ein großer Berg aus zahllosen kleinen Päckchen, welche die Münchner ihrer lieben Polizei als Dank für die im abgelaufenen Jahr geleistete Hilfe brachten.

»Sieg'stes, Tobias«, brummelte er vor sich hin, »Polizei muss man sein, nachher kriegst a Weihnachtspackl … Aber so …«

Nein, das sah Tobias auf den ersten Blick, weder auf dem Stachus noch auf dem Marienplatz war er am heutigen Abend richtig aufgehoben. Es gab hier niemanden, der Zeit hatte, mit dem er einen kleinen freundlichen Plausch halten konnte, über das Wetter und dass der Winter früher viel schöner und strenger war als heuer.

Ja, aber wo sollte er denn hin, wenn er schon nicht daheim bleiben wollte, in seiner Stube. Ins Hofbräuhaus konnte er doch heut nicht gehn, das schickte sich wohl nicht. Und außerdem – die Bedienung wollte ja auch heim.

Alsdann, dachte Tobias Traxl, wo geht ein einsamer Mann hin in der Chrisnacht? – Er geht zu den Viechern, in den Zoo. Da stehn die Tiere und schaun dich an und du siehst sie an und keiner red nix – und keiner weiß was vom andern ... und grad das ist recht.

Tobias Traxl ging ein paar Schritte zum Alten Peter hinüber, öffnete die Tür eines Wachskerzengeschäftes und schnupperte den Geruch von Honig und Weihrauch in sich ein.

»Bitt schön ...«, sagte er, »ich möcht gern ein Dutzend Kerzen, von den gelben, nein, so teuer brauchen sie nicht zu sein, nur schön lang brennen sollen sie halt. Und dann möcht ich das winzige Christkindl, das in der Wiege mit den roten Backen, und den Rauschgoldengel und noch ein paar Kerzenhalter zum Anklammern. Zündhölzer hab ich selber, dank schön!«

Eben ließ die Glocke vom Alten Peter ihre dunklen Töne über den Straßenlärm dahinklingen, als Tobias Traxl zum Viktualienmarkt hinunterstieg – gerade noch rechtzeitig, bevor die Marktfrauen zusammenpackten.

»Wenn S' noch was wollen, jetzt pressiert's!«, sagte die eine zu ihm und hatte schon eine Tüte aus Zeitungspapier zusammengedreht.

»Nur immer langsam!«, antwortete Tobias Traxl. »Zuerst krieg i no zwei Kilo Äpfel, von denen großen, mürben da. Und ebenso viel Bananen – ein Kohlkopf darf es auch sein, für den Esel, oder zwei, und alsdann ist es alles. I brauch keinen Honig und keinen Käs' und ein Brathendl brauch i auch nicht, dank schön!«

Mit einem großen Paket vor der Brust ließ er sich in die Straßenbahn hineinquetschen und flüsterte nur ein ganz leises »Kruzifix«, von dem er hoffte, dass es der liebe Gott nicht hörte, als ihm eine sehr stattliche Dame mit einem sehr stattlichen Fuß auf die große Zehe stieg.

Während sich Tobias Traxl von der Tram durch die Münchner Stadt rütteln ließ und meinte, dass weit und breit kein Mensch mehr lebte, der an ihn dachte, sprachen die Kinder Kristina und Florian von ihm. Sie gingen auf der Straße, in der sie wohnten, auf und ab und freuten sich, dass in manchen Häusern schon das Licht angezündet wurde. Vor diesen Fenstern sahen sie den Schnee ganz besonders schön schimmern. Wenn man lange genug hinschaute, fühlte man sich, als ob man von einem riesengroßen Fahrstuhl in den Himmel hinaufgehoben würde.

»Nicht einmal einen Hund hat der Tobias«, sagte der Florian. »Was der heute Abend wohl so alleine machen mag? Die ganze Zeit kann er doch auch nicht in der Stadt bleiben. Nachher sind alle Leute in ihren Wohnungen, kein Mensch ist mehr auf der Straße und kälter wird's auch.«

»Meinst du, dass ihm niemand, wirklich gar niemand etwas schenkt? Nicht einmal eine Tafel Schokolade oder einen Tannenzweig?«, fragte Kristina.

»Ich glaube, niemand«, antwortete Florian. »Es sei denn, wir zwei tun es.«

»Wir? Aber wie wollen wir denn das machen?«

»Ich habe schon eine Idee«, sagte Florian.

Tobias Traxl war nun im Tierpark angelangt. Alle Wege und Bäume waren tief verschneit. Hier war es still. Weit und breit war kein Mensch. Es wurde nun auch schon dunkel und die Tiere standen in den Gehegen und schauten den einsamen Mann verwundert an. Tobias Traxl ging zu dem Kamel mit den großen, sanften Augen. Dicht daneben ließ ein kleiner grauer Esel seine Ohren spielen. Hier packte Tobias seine Sachen aus. Er stellte die Wiege mit dem Christuskind in den Schnee, hing den Engel ein wenig darüber an einem Tannenast auf und verteilte die Halter mit den aufgesteckten Kerzen im Drahtgeflecht des Gitters. Als er die Dochte mit seinen klammen Fingern entzündet hatte, sah es aus, als ob die Sterne am Himmel über der Krippe funkelten.

Dann fütterte er abwech-
selnd das Kamel und den Esel mit den
Äpfeln, den Bananen und dem Kohl.

»Siegst's«, sagte er zu dem Kamel, »dein Ururgroßvater hat vielleicht
einen der Heiligen Drei Könige zum Herrn Jesus getragen und den Stern
von Bethlehem gesehen. Und deshalb schaust du mich so weise an, als sei
ich einer der armen Hirten. Vielleicht bist du Viech viel klüger und heiliger
als wir Menschen. – Und du«, sagte er zu dem Esel, der die saftigen Äpfel
zwischen den Zähnen zermalmte, »du bist vielleicht der Ururururenkel
von dem, der in die Krippe hat hineinschaun dürfen als Allererster. Ich
glaube, das war noch eine stille Nacht, grad so wie jetzt hier, freilich nur
viel heiliger …«

Und während er so vor sich hin redete und sich die Lichter der flackernden Kerzen in den dunklen Augen der kauenden Tiere widerspiegelten, brummte Tobias Traxl noch: »Nur der Ochs, der fehlte mir bei den Tieren der Heiligen Nacht. Oder vielleicht fehlt er mir auch gar nicht, vielleicht bin ich's selbst.«

Deshalb durfte er sich auch selbst einen Apfel gönnen. Und sie kauten selbdritt und es war Tobias Traxl plötzlich – als er ganz in der Ferne die heiligen Weisen vom Turm blasen hörte –, als ob sich der Himmel über der Stadt München öffnete und die Putten und Engel aus den vielen bayerischen Kirchen in der Höhe schwebten und jubilierten. Und das sind sehr, sehr viele. Eine große, himmlische Heerschar.

Währenddessen klingelten Kristina und Florian an vielen Wohnungstüren ihrer Straße. »Bitt schön«, sagten sie, »weil's Weihnachten ist.« Der Florian machte einen Diener und Kristina einen Knicks. »Es ist für den alten Tobias Traxl.«

Jedermann kannte ihn. Nur hatte gerade heute niemand an ihn gedacht. Die Kinder rannten treppauf und treppab und vergaßen sogar ihre eigene Bescherung vor lauter Eifer. Bei Frau Preisser fand sich eine Flasche Wein, Herr Pfannes hatte so schrecklich viele Kekse, dass er gerne eine Tüte abgeben konnte, und Herr Buttgereit schenkte eine große Kiste Zigarren her. Sogar einen Weihnachtsbaum bekamen sie, einen kleinen zwar nur, aber einen hübschen, denn Herr Krause hatte aus lauter Angst vor der eigenen Vergesslichkeit gleich zwei gekauft. Nachträglich musste er es daheim feststellen.

Die ganze Straße erinnerte sich an Tobias Traxl, der jeden grüßte, wenn er auf der Straße an ihm vorüberging. Nur gerade heute hätten sie ihn fast alle beinahe vergessen. Es hatte ja auch ein jeder noch so viel zu tun.

Die Hausmeisterin gab ihnen den Schlüssel zu Tobias Traxls Zimmer.

Florian und Kristina schmückten den Tannenbaum, sie behängten ihn mit Äpfeln und Zuckerzeug, sie schürten den Ofen ein, sodass er ordentlich bullerte und glühte, und sie bauten die Geschenke auf dem Tisch mit der Spitzendecke auf. Dabei waren sie glücklicher, als sie es später mit den eigenen Geschenken daheim unter dem großen Tannenbaum waren.

Nur die Kerzen zündeten sie noch nicht an, aber sie legten eine Schachtel Streichhölzer auf den Tisch und schrieben einen Zettel: »Bitte die Kerzen auch bestimmt anzünden! – Frohe Weihnachten! Florian, Kristina und alle Nachbarn! An Tobias Traxl!«

Und Kristina malte noch einen großen Tannenzweig auf das Papier.

So vergaßen sie ihre Ungeduld und die Stunde der Bescherung kam für sie fast zu schnell herbei. Aber glücklicher waren sie noch an keinem Weihnachtsabend gewesen.

Als die Kerzen im Tierpark am Drahtgitter heruntergebrannt waren und die Tiere alles aufgefressen hatten, packte Tobias Traxl sein Christkindl und den Rauschgoldengel wieder ein, damit sie in der Nacht nicht frören.

Dunkel und kalt war es. Der Himmel war übersät mit Sternen und die Türme der Münchner Kirchen ragten als dunkle Umrisse in die milde Lichtglocke, die über der Stadt lag.

Tobias Traxl ging langsam nach Hause. Er hatte es ja nicht eilig. Die Straßen waren menschenleer. Dafür sah er hinter den Fenstern in allen Stockwerken die Lichterbäume brennen, er hörte fröhliches Kinderlachen und aus allen Häusern die gleichen Weihnachtslieder – aus dem Radio oder Fernseher.

Die alten Weihnachtslieder – sie sind halt immer wieder schön, Jesus, Maria und Josef!

»Und nachher? Nachher trink ich ein Bier und leg mich ins Bett. Eine schöne Weihnacht hab ich nun doch gehabt …«

Aber – als er seine Tür öffnete und ihm die Wärme und der vertraute Duft entgegenströmten, da meinte er erst, er habe sich im Zimmer geirrt. Verwundert rieb er sich die Augen.

»Ja, gibt's denn so was auch«, brummte er gerührt. »Entweder sind die Heiligen Drei Könige hier gewesen, weil ich ihr Kamel gefüttert hab, oder das Christkind war's selbst – vielleicht, weil ich eben doch der Ochs bin, der zu dem Esel an die Krippe gehört.«

Und als er die Kerzen anzündete, fing er zwar falsch, aber aus vollem Herzen zu singen an: »Stille Nacht, heilige Nacht«, und dachte bei sich: Sei nur ruhig, Tobias, brauchst nicht traurig zu sein, du hast es ja immer gewusst, dass es das Christkind wirklich gibt, und auch die anderen können es nicht vergessen, weil sie immer wieder durch die Kinder daran erinnert werden. Sakradi – Kruzifix – Himmeldonnerwetter!

Der liebe Gott überhörte gnädig diesen Fluch. Es war ja der Heilige Abend.

Hermien Stellmacher

Das Weihnachts-
wunschgeheimnis

Es war kurz vor Weihnachten. Schon am frühen Morgen waren Hase, Eule, Igel und Eichhörnchen unterwegs und sammelten fleißig Holz.

»Wir sollten dieses Jahr mal etwas ganz Besonderes machen«, sagte Hase und kratzte sich nachdenklich hinter dem Ohr.

»Wir schmücken doch wieder einen Baum!«, rief Eule. »Schaut mal! Dieser ist genau richtig!«

»Schon«, murmelte Hase. »Aber das machen wir ja immer. Ich meine, etwas wirklich Besonderes!«

»Ich habe eine Idee!«, rief Igel aufgeregt. »Wir ziehen Lose!«

»Lose?« Die anderen schauten ihn verdutzt an.

»Ja, jeder von uns malt sich selber. Und dann falten wir die Bilder zusammen, mischen sie gut durch und jeder darf eins ziehen.«

Eule runzelte die Stirn. »Und was machen wir dann?«

»Ganz einfach«, sagte Igel. »Wenn ich das Los mit deinem Bild ziehe, Eule, bekommst du von mir ein Geschenk!«

Hase bekam leuchtende Augen. »Und wenn ich dein Los ziehe, muss ich dir etwas schenken, stimmt's?«

Igel nickte. »Genau! Wie findet ihr die Idee?«

»Toll!«, riefen seine Freunde und sie machten sich auf den Weg zu Hase, um Lose zu malen.

Als die Lose fertig waren, faltete jeder seins zusammen. Igel mischte die Zettel und jeder durfte sich einen nehmen.

»Man darf aber nicht verraten, wen man gezogen hat, oder?«, hakte Hase noch mal nach.

Igel schüttelte den Kopf. »Nein, sonst ist es nicht mehr so spannend!«
Vorsichtig schauten sie auf ihre Zettel.

Plötzlich drehte Eule ihren Zettel um, sodass alle das Bild sehen konnten.

»He, das darf man doch nicht!«, rief Eichhörnchen erschrocken.

Aber dann sahen sie, was passiert war: Eule hatte ihr eigenes Los gezogen …

»Und jetzt?«, fragte Hase.

»Alles noch mal von vorne«, sagte Igel und mischte die Lose erneut.

Dieses Mal hatte es geklappt. Jeder wusste nun, wen er beschenken sollte.

»Ich habe noch eine Rolle Geschenkpapier!«, rief Hase. »Die teilen wir auf, damit alle Päckchen gleich aussehen.«

»Und wo legen wir die Päckchen hin, wenn sie fertig sind?«, fragte Eichhörnchen.

»Am besten in den großen hohlen Baum«, schlug Eule vor. »In einen Korb!«

»Genau!«, rief Igel. »Dann weiß niemand, wer welches Päckchen dort hingelegt hat!«

Igel machte sich zu Hause gleich an die Arbeit. Eule hat ja eine Menge Kerzenständer in ihrem Baum, überlegte er. Bestimmt sammelt sie die! Er schaute sich in seiner Bastelecke um und fand, was er suchte: einen Baumstamm, eine Säge, Farbe und Klebstoff.

»Sehr gut«, sagte er zufrieden. »Das wird ein wunderschöner Kerzenständer!« Er strich sich kurz über die Stacheln. »Hoffentlich bekomme ich keine Mütze«, murmelte er. Mützen konnte er überhaupt nicht leiden.

Kaum war Eule in ihrem Baumhaus angekommen, befreite sie den Tisch zuerst von den vielen Kerzenständern. »Warum schenkt mir meine Tante nur immer Kerzenständer …«, seufzte sie. »Einer ist ja ganz schön, zwei gehen auch noch, aber ich habe bestimmt schon zehn Stück!« Sie legte die Zeichnung von Eichhörnchen in die Mitte des Tisches.

»Ich weiß schon, was ich Eichhörnchen schenke«, sagte sie vergnügt und rieb sich die Flügel. »Eine Umhängetasche! Dann hat es beim Nüssesammeln immer die Pfoten frei.«

Im Baum nebenan wühlte Eichhörnchen in seiner Sammelkiste. Darin lagen lauter Sachen, die es selber nicht brauchen konnte: ein alter Hut, der ihm immer vom Kopf flog, eine Umhängetasche, mit der es immer in den Ästen hängen blieb, ein gelbes Tuch …

»Ja, ich mache für Hase ein schickes Halstuch!«, rief Eichhörnchen glücklich. Die anderen Sachen stopfte es zurück in die Kiste. »So wie der immer rumrennt, bekommt er bestimmt leicht Halsweh im Winter!«

Dann legte Eichhörnchen los und machte aus dem Tuch ein tolles Weihnachtsgeschenk.

Währenddessen schaute Hase sich in seinem Bau um. Worüber würde Igel sich freuen?

»Da hängt ja die Idee!«, rief er zufrieden und nahm seinen langen Strickschal. »Schals sind doof, da latsche ich immer drauf«, sagte er zu sich selbst. »Aber wenn ich ihn auftrenne, kann ich mit

der Wolle eine kuschelige Mütze für Igel stricken. Der friert bestimmt im Winter mit seinen Stacheln.« Schon bald war die Mütze zur Hälfte fertig.

»Oh, wird die schön!«, seufzte Hase. »Am liebsten würde ich sie selber behalten!«

Als alle Päckchen schon im hohlen Baum lagen, kam ein kleiner Dachs daher. Er war ganz aufgeregt wegen Weihnachten.

»Ui! Geschenke!«, rief der kleine Dachs und nahm die Päckchen aus dem Korb. Was da wohl drin ist?, überlegte er. Ob die für mich sind?

Schon bald hielt er es vor lauter Neugierde nicht mehr aus und machte ratzfatz alle Päckchen auf!

»Was hast du denn jetzt schon wieder angestellt?«

Der kleine Dachs zuckte zusammen. Neben ihm tauchte sein großer Bruder auf.

»Du kannst doch nicht einfach diese Päckchen aufmachen?!«, rief er entsetzt. »Die sind nicht für dich!«

»Aber es ist bald Weihnachten«, stammelte der kleine Dachs. »Und da habe ich gedacht …«

»Diese Päckchen sind für andere Tiere!«, rief sein Bruder und zeigte auf die Bilder, die im Schnee herumlagen. »Was machen wir denn nun?!«

»W-wir könnten die Sachen wieder einpacken«, stammelte der kleine Dachs. »D-dann merkt bestimmt keiner was.«

Sein Bruder kratzte sich am Kopf. »Ja, aber weißt du denn noch, wie die Sachen zusammengehören?«

»Klar!«, schummelte der kleine Dachs und bekam rote Ohren. »Das ist ganz einfach!«

Und eine Viertelstunde später lagen alle Päckchen wieder im Korb.

Endlich war es Heiligabend. Als es dunkel wurde, holten Hase und Eichhörnchen den Korb mit den Geschenken und Eule verteilte die Päckchen.

»Das ist bestimmt ein super Geschenk!«, sagte Hase und schnüffelte am Papier.

»Ich glaube, meins auch!«, rief Eichhörnchen aufgeregt. »Darf ich zuerst auspacken?«

»Ein Kerzenständer!«, rief Eichhörnchen. »Ist der schön!«

Igel wusste nicht, wie ihm geschah. »Ja, aber-aber«, stotterte er. Doch dann sah er die strahlenden Augen seines Freundes. »Aber … aber freust du dich denn?«, fuhr er fort.

Eichhörnchen nickte. »Und wie!«, seufzte es. »So einen bunten Kerzenständer habe ich mir schon immer gewünscht!«

Dann durfte Eule auspacken. Umständlich zupfte sie an der Schleife herum, doch dann rief sie: »Oh, das ist ja das schickste Tuch, das ich je gesehen habe!«

Hase nickte. »Das passt genau zu deinen Federn!«

Eichhörnchen und Igel brachten keinen Ton heraus. »M-magst du denn überhaupt Tücher?«, stotterte Eichhörnchen.

»Und wie!«, rief Eule und hielt das Tuch hoch. »Schaut mal! Ist es nicht klasse?«

»Jetzt bin ich aber dran!«, rief Igel und riss das Papier von seinem Geschenk. Freudestrahlend hielt er die Tasche hoch. »Super! So was kann ich gut gebrauchen!« Er hängte sie sich gleich um und lief durchs Zimmer.

»Sieht stark aus!«, rief Eichhörnchen. »Dreh dich mal um!«

Die verblüfften Gesichter von Eule und Hase sahen sie nicht.

»Und jetzt ich!«, rief Hase und machte die Schnur ab. »Es ist …« Langsam öffnete er das Päckchen. »… eine Mütze!« Verdutzt schaute er auf das Geschenk, dann grinste er breit. »Und was für eine wunderbare Mütze!«

»Und?«, fragte Eichhörnchen vorsichtig. »Freust du dich?«

»Und wie!«, rief Hase. »Wer würde sich über so 'ne Mütze nicht freuen?«

»Ich«, rief Igel. »Mützen verhaken sich nämlich immer ganz schlimm in meinen Stacheln, weißt du!«

Da staunte Hase aber.

Nach der Bescherung liefen sie zusammen in den Wald hinaus. Wie jedes Jahr hatte Eule eine Tanne mit Kerzen geschmückt. Die Freunde machten es sich mit einem Becher heißen Tee so richtig gemütlich.

»Irgendwie ist die Weihnachtszeit schon eine geheimnisvolle Zeit, oder?«, grübelte Igel.

»Oh ja!«, sagte Hase. »Sehr geheimnisvoll sogar!«, und zog sich seine neue Mütze fest über die Ohren.

Luise Holthausen

Der erste Stern am Himmel

Damian hockt auf der Fensterbank und drückt sich die Nase an der Scheibe platt. Draußen ist es noch ganz hell. Kein Wunder, es ist ja gerade mal Mittag vorbei. Eben erst hat Mama die kleine Zuzanna hingelegt, damit sie heute am *Wigilia*, dem Heiligen Abend, nicht zu früh müde wird. *Wigilia* beginnt, wenn der erste Stern am Himmel auftaucht – und bis dahin ist es noch so lange! Viel zu lange, findet Damian.

Wolken ziehen auf und verdunkeln den Himmel. »Papa, was machen wir denn, wenn wir nachher gar keinen Stern sehen können?«, fragt Damian besorgt.

Papa lacht. »Keine Angst, du wirst Weihnachten schon nicht verpassen. Normalerweise wird es so gegen fünf Uhr dunkel, und bestimmt blinkt dann auch ein Stern durch die Wolken.«

Damian seufzt leise. Diese Antwort beruhigt ihn überhaupt nicht. Die Wolken werden nämlich immer dichter und düsterer. Richtige Schneewolken sind es. Durch die blinkt bestimmt kein Stern mehr hindurch. Natürlich wissen Papa und Mama, wann es fünf Uhr ist. Das weiß ja sogar Damian schon: Wenn der große Zeiger auf der Zwölf und der kleine Zeiger auf der Fünf steht. Und wenn es richtig dunkel wird, merkt das jedes Kind, selbst ein so kleines wie Zuzanna. Spätestens dann also wird Papa die ganze Familie zu Tisch rufen. Sie werden ihre *Oplatek*, die Oblaten mit dem aufgedruckten Heiligenbild, brechen und miteinander teilen und sich dabei die besten Wünsche für das nächste Jahr sagen. Sie werden die zwölf Gerichte essen, die Mama schon seit Tagen in der Küche vorbereitet und die besonders wunderbar schmecken werden, weil sie heute den ganzen Tag gefastet haben. Und danach wird es endlich, endlich das geben, worauf Damian die ganze Zeit so sehnsüchtig wartet: die Geschenke.

Wieder seufzt Damian leise. Ohne die Wolken müsste er bestimmt nicht so lange warten. Ohne Wolken würde er mit seinen Adleraugen gleich bei Einbruch der Dämmerung den ersten Stern entdecken, da ist er sich ganz sicher!

»Komm, Damian, hilf mir den Weihnachtsbaum zu schmücken«, sagt Papa.

Damian zögert, aber dann klettert er von der Fensterbank herunter. Jetzt hat es sowieso keinen Sinn, nach Sternen Ausschau zu halten.

»Meine Güte, es ist ja so dunkel, als wäre es schon Abend.« Papa schaltet das Licht an, damit er die Glaskugeln und Sterne in ihren Schachteln findet. »Bestimmt schneit es bald. Vielleicht können wir nachher noch eine Schneeballschlacht machen. Dann vergeht die Zeit auch schneller.« Er zwinkert Damian zu.

»Oh ja, toll!« Damian freut sich. Er liebt Schneeballschlachten mit Papa. Aber noch mehr würde er sich freuen, wenn es wirklich schon Abend wäre. Ach, könnte er doch nur an der Zeit drehen!

Die alte Wohnzimmeruhr, die Papa von seinem Großvater geerbt hat, schnarrt. Das tut sie immer zur vollen Stunde. Früher, als sie noch nicht ganz so alt war, hat sie sogar zur vollen Stunde geschlagen. Damian starrt auf die Zeiger. Es ist drei Uhr. Ihm kommt plötzlich eine Idee. Zumindest an der Uhr kann man ja drehen …

Es klingelt an der Tür und die ersten Gäste sind schon da: Mamas Schwester Tante Magda mit Onkel Adam und Natalia. »Ich habe mit den Sternsingern gesungen«, plappert Natalia gleich los. »Wir sind durch ganz viele Straßen gelaufen. Bestimmt hundert waren es!«

»Nun übertreib mal nicht so«, lächelt Tante Magda. Sie geht mit Onkel Adam gleich zu Mama in die Küche, um ihr zu helfen.

Natalia stürzt sich auf Damian und den Weihnachtsbaum. »Die will ich aufhängen«, ruft sie und will ihm eine Glaskugel aus der Hand reißen.

Damian zieht schnell die Hand zurück. »Das ist meine!«

»Nein, ich will sie haben!« Natalia zerrt hin und Damian zerrt her und

dann klirrt es und die Glaskugel liegt in tausend Scherben auf dem Fußboden.

»Du bist so eine blöde Kuh!«, schreit Damian.

»Na, na«, mahnt Papa. »Weihnachten ist das Fest des Friedens. Wer wird
denn da wegen solcher Kleinigkeiten streiten? Schnell, Damian, kehr die
Scherben weg, sonst schneidet Zuzanna sich, wenn sie nachher herum-
krabbelt.«

»Ich helfe weiter beim Schmücken.« Triumphierend greift Natalia zur
nächsten Glaskugel. Damian streckt ihr die Zunge raus, aber so, dass Papa
es nicht sieht, und trottet in die Küche. Ein Durcheinander von köstlichen
Düften schlägt ihm entgegen: Fisch, Maultaschen mit Sauerkraut und

Pilzen und Mohnkuchen. Mama hebt gar nicht den Kopf, als er herein-kommt, so beschäftigt ist sie damit, die Rote-Beete Suppe zu rühren, die es nachher als erstes Gericht geben wird. Ihre Hände sind feucht und sie hat ihre Armbanduhr ausgezogen und neben sich auf den Küchentisch gelegt. Auch die Zeiger der Armbanduhr zeigen drei Uhr.

»Brauchst du etwas?«, fragt Mama nervös.

»Nur Schaufel und Besen«, antwortet Damian schnell. Er lässt seine Hand über den Tisch wandern und schiebt die Uhr sacht unter ein Stück Zeitungspapier.

Im Wohnzimmer haben Papa und Natalia auch noch Lametta an den Weihnachtsbaum gehängt. Jetzt ist er fertig geschmückt. Natalia hüpft durchs Zimmer und singt ein Weihnachtslied. Nebenan beginnt Zuzanna zu quengeln. Papa geht zu ihr ins Kinderzimmer.

Damian schaut auf die Wohnzimmeruhr. Halb vier. Noch eineinhalb Stunden, bis der *Wigilia* beginnt. Mindestens!

»Hast du schon nach dem Stern geguckt?«, sagt Damian zu Natalia.

Sie unterbricht ihr Gehüpfe und Gesinge. »Was? Jetzt schon?«

»Es ist doch fast dunkel«, meint Damian.

Natalia zögert. Aber dann klettert sie doch auf die Fensterbank und schaut nach draußen. »Es schneit«, sagt sie. »Heute sehen wir keinen Stern.«

»Manchmal reißt die Wolkendecke auf«, behauptet Damian. »Dann sieht man ihn. Wetten?«

Natalia drückt die Nase gegen die Scheibe. Damian zieht schnell einen Stuhl an die Uhr und dreht die Zeiger rundherum, so lange, bis der große fast auf der Zwölf steht und der kleine auf der Fünf. Na bitte. Gleich ist es fünf Uhr. Zumindest im Wohnzimmer.

Doch als Damian wieder vom Stuhl herunterklettert, bekommt er einen Riesenschreck: Natalia guckt gar nicht mehr aus dem Fenster. Sie hat sich umgedreht und schaut ihm direkt ins Gesicht.

Was, wenn sie nun gesehen hat, dass Damian an der Uhr gedreht hat?

Was, wenn sie ihn verrät? Bestimmt wird Natalia ihn verpetzen! Die ist schließlich eine blöde Kuh. Da, sie klappt schon den Mund auf! Damian kneift die Augen zusammen und hält sich die Ohren zu, weil er es nicht hören will. Aber er hört es trotzdem, so laut schreit Natalia. »*Gwiazda, Gwiazda*!«, schreit sie. »Der Stern, der Stern!«

Damian reißt die Augen wieder auf und lässt die Hände sinken. Papa eilt aus dem Kinderzimmer herbei, die verschlafen blinzelnde Zuzanna auf dem Arm. Mama kommt aus der Küche, in der einen Hand das Fischmesser und in der anderen den *Karp*, einen Karpfen. Hinter ihr drängeln sich Tante Magda und Onkel Adam.

»Was sagst du da?«, rufen sie alle auf einmal.

»*Gwiazda*«, wiederholt Natalia und schaut dabei Damian an. Blinzelt sie nicht sogar mit einem Auge? »*Gwiazda*, der Stern. Ich hab ihn gesehen. Der erste Stern am Himmel!«

Es klingelt an der Tür. Aber niemand achtet darauf. Alle laufen ans Fenster.

»Wo? Wo hast du ihn gesehen?«, rufen sie durcheinander.

»Es schneit doch«, sagt Papa.

»Es ist doch noch viel zu früh«, sagt Mama.

Die Wohnzimmeruhr schnarrt zur vollen Stunde. Jetzt findet auch Damian seine Sprache wieder. »Nein, seht nur, es ist fünf Uhr!«, ruft er.

Wieder klingelt es. Die Erwachsenen schauen sich verwirrt an. »Wie die Zeit fliegt, wenn man viel zu tun hat«, murmelt Mama und dreht ratlos ihr Handgelenk hin und her. »Ich glaube, ich habe meine Armbanduhr verlegt. Und ich bin noch gar nicht fertig.«

»Wir helfen dir, Mama«, verspricht Damian.

»Ja, damit wir schnell zusammen *Wigilia* feiern können«, ruft Natalia.

Und dann packen sie wirklich alle mit an. Damian macht die Tür auf, damit Opa Karol und Oma Theresa endlich hereinkönnen. Opa Karol zieht zwar seine Taschenuhr hervor und behauptet, es sei noch nicht einmal vier Uhr, aber niemand glaubt ihm. Die Taschenuhr von Opa Karol

geht doch immer falsch. Tante Magda stellt die Teller auf den Tisch, ein Gedeck für jeden und noch eins zusätzlich, damit sie einen unerwarteten Gast nicht so wegschicken müssen, wie Maria damals mit dem Jesuskind weggeschickt worden ist. Onkel Adam legt kleine Bündel aus Heu unter die Teller, zur Erinnerung an den Stall, in dem Jesus geboren wurde. Papa zündet die Kerzen an.

Und dann sitzen sie alle zusammen um den großen Tisch herum und fassen sich an den Händen. »*Wesolych Swiat Boze Narodzenie*, fröhliche Weihnachten«, sagen sie zueinander.

Auch Damian und Natalia fassen sich an den Händen. Und plötzlich hat Damian es gar nicht mehr so eilig, seine Geschenke zu bekommen.

Denn dieser *Wigilia* soll nicht so rasch vorübergehen. Dieser *Wigilia* soll so lange dauern wie möglich!

Kirsten Boie

Der Heilige Tag

Der längste Tag im ganzen Jahr ist immer der Heiligabend. Wenn man morgens aufwacht, ist es noch dunkel, und dann muss man warten, bis es hell und wieder dunkel wird. Dann ist Bescherung. Und Spielen macht am Heiligen Abend auch keinen Spaß, weil man so aufgeregt ist, und Fernsehen kann man nicht gucken, weil das Wohnzimmer abgeschlossen ist, und Schlitten fahren wie die Kinder auf den Weihnachtskarten kann man auch nicht, weil natürlich wieder kein Schnee liegt.

»Wenn ich groß bin, zieh ich nach Amerika«, sagt Jesper beim Frühstück düster. In den Ferien frühstückt er immer im Schlafanzug. »Da gibt es die Geschenke schon morgens.«

»Ehrlich wahr, Jesper, gibt's die schon morgens?«, fragt Janna. Sie hat noch kein bisschen von ihrem Brötchen gegessen, obwohl es heute ausnahmsweise Nussschoko-Creme gibt. Wenn man aufgeregt ist, kann man nicht essen.

»In Amerika schon«, sagt Jesper. »Im Strumpf. Der hängt am Kamin.«

»Und wenn man keinen Kamin hat?«, fragt Janna erschrocken. »Wie wir?«

Jesper denkt einen Augenblick nach. »Dann hängt der vielleicht an der Heizung«, sagt er. »Schon morgens. In Amerika.«

Janna zieht nachdenklich mit ihrem kleinen Finger eine Furche durch die Schokoladencreme auf dem Brötchen. Dann leckt sie ihn ab. »Da will ich trotzdem nicht sein«, sagt sie. »Wenn es da nur einen Strumpf voll gibt. Da passen ja nur ganz kleine Geschenke rein.«

Daran hat Jesper noch gar nicht gedacht. Aber vielleicht ist es dann doch besser, bis zum Nachmittag zu warten, und dafür gibt es was Ordentliches.

»Und nun zieht euch mal ganz schnell an!«, sagt Mama. Sie hat eine

Schürze um und sieht noch kein bisschen weihnachtlich aus. »Wir müssen noch so viel erledigen! Da brauch ich doch eure Hilfe.«

Sonst findet Jesper es eigentlich meistens gar nicht so gut, wenn Mama seine Hilfe braucht. Abtrocknen oder Selters aus dem Keller holen oder Tisch decken, zum Beispiel. Aber Heiligabend ist es besser als gar nichts. Da weiß man wenigstens, was man tun kann.

Darum zieht Jesper sich auch ganz fix an, aber natürlich ist Janna trotzdem mal wieder schneller, und Jule ist sowieso schon längst angezogen. Jule ist auch kein bisschen aufgeregt. Sie sitzt mit Anna-Pouchette unter dem Küchentisch und wäscht sie mit dem Küchenschwamm.

»Also, als Erstes den Kartoffelsalat«, sagt Mama und stellt eine große Schüssel auf den Tisch. »Ich hab schon alles gepellt.«

Am Heiligabend gibt es mittags immer Kartoffelsalat, und immer schnippeln sie ihn erst am Morgen, obwohl Mama seufzt und sagt, dass er eigentlich besser durchzieht, wenn man ihn schon am Abend vorher macht. Aber sie braucht ja Jesper und Janna zum Helfen, und das können sie wohl kaum in der Nacht tun.

»Und schön dünn schneiden!«, sagt Mama. »Und nicht in die Finger!« Dann gibt sie Jesper und Janna jedem ein Brett und ein Messer und geht, um die Betten zu machen.

Im Radio spielen sie jetzt lauter Weihnachtslieder, und Jesper und Janna schneiden Kartoffeln, und unter dem Tisch haut Jule Pouchette mit dem Schwamm auf den Kopf. Es ist richtig schön weihnachtlich.

»Denkt euch, ich habe das Christkind gesehn!«, sagt Janna und schiebt ihre Kartoffelscheiben mit dem Messer in die Schüssel. »Es kam aus dem Walde, das Mützchen voll Schnee ...«

»Du wolltest das nicht sagen!«, sagt Jesper böse. Nun hat er sich so viel Mühe mit dem Krippenspiel gegeben, und dann fängt Janna doch wieder an. »Wir machen das Krippenspiel!«

»Und das Gedicht!«, sagt Janna energisch. »Beides ... mit rot gefrorenem Näschen! Die kleinen Händchen taten ihm weh ...!«

»Sagst du nicht!«, schreit Jesper böse. »Sagst du nicht!«

»Denn es trug einen Sack!«, sagt Janna, und jetzt schneidet sie gar keine Kartoffeln mehr. Jetzt guckt sie nur immerzu Jesper an, und sie lächelt dabei. »Der war gar schwer! Rumpelte und pumpelte hinter ihm her ...«

»Sagst du nicht!«, schreit Jesper verzweifelt. »Sagst du nicht!«

Aber Janna lächelt nur weiter. »Was drinnen war, möchtet ihr wissen?«, sagt sie, und sie kann es sogar mit Betonung. »Ihr Naseweise! Ihr Schelmenpack! Denkt ihr ...«

Da gibt Jesper ihr einen Stoß, und Janna brüllt, und Mama kommt und fragt, ob sie verrückt geworden sind, sich zu streiten, am Heiligabend und

159

noch dazu mit einem Messer in der Hand. Da kann doch wer weiß was passieren.

Dann entdeckt sie Jule unter dem Tisch, und sie nimmt ihr den Küchenschwamm weg, aber Pouchette hat trotzdem schon überall nasse Stellen auf dem Kleid und sogar im Gesicht. Aber bestimmt kann sie trotzdem noch Jesus sein.

»Na denn!«, sagt Mama grimmig. »Jetzt weiß ich mal wieder, dass Weihnachten ist.«

Aber dann holt sie tief Luft. »Mit den Kartoffeln seid ihr ja fleißig gewesen!«, sagt sie. »Vielen Dank! Die sind ja schon fast alle geschnitten. Janna, dann kannst du den Rest auch alleine schaffen, oder? Jesper muss mir nämlich jetzt schon was anderes helfen«, und jetzt klingt sie schon wieder ganz freundlich.

»Ja?«, sagt Jesper vorsichtig. »Was denn?«

»Einkaufen gehen«, sagt Mama. »Ich brauche noch dringend ...«

Von den Kindern ist Jesper der Einzige, der schon alleine einkaufen darf. Man muss über zwei große Straßen, und dazu ist Janna noch zu klein, aber Jesper geht ja schon in die erste Klasse, da kann man ihm das wohl zutrauen.

Jesper steht schnell auf. »Ätschi-bätschi!«, sagt er zu Janna. »Ich geh jetzt einkaufen! Alleine! Mach du mal die Kartoffeln!«

Und er steigt schnell in seine Stiefel. »Also, ich brauche noch dringend«, sagt Mama, und sie sieht aus, als ob sie nachdenkt, »Mehl brauch ich noch dringend, ja, Mehl. Kannst du mir das besorgen, Jesper?«

»Kann ich dir logisch besorgen«, sagt Jesper, und weil Heiligabend ist, bindet er sich sogar einen Schal um, ohne zu schimpfen, und Mama gibt ihm das Geld, und dann zieht er los.

Auf den Straßen sind heute nur ganz wenige Kinder. Nur vor Nickis Haus spielt ein winziges Mädchen, aber Nicki sitzt bestimmt wieder im Wohnzimmer und guckt fern. In der Schule hat Nicki gesagt, dass er das darf. Sogar am Heiligabend.

Aber im Supermarkt, da ist es voll. Tausend Frauen mit bösen Gesichtern drängeln sich in den schmalen Gängen, und in ihren Einkaufswagen sitzen kleine Kinder und schreien. Aus dem Lautsprecher kommt leise Weihnachtsmusik ohne Worte, und dazwischen sagt eine freundliche Stimme: »Beachten Sie bitte auch unsere heutigen Sonderangebote! Wir wünschen Ihnen ein frohes Fest!«

Jesper seufzt. Es ist gar nicht so einfach, den großen Einkaufswagen an all den vielen Frauen vorbeizuschieben. Einmal stößt er einer gegen den Po, und da schreit sie: »Kannst du denn nicht aufpassen!«, und weil Jesper sich entschuldigen will, schiebt er nicht gleich weiter, und da schreit eine andere Frau: »Kannst du denn nicht weitergehen! Du blockierst ja den ganzen Laden!«

Da nimmt Jesper seinen Wagen und geht ganz schnell zum Mehl, und »Entschuldigung« hat er nun auch nicht gesagt.

»Sti-hille Nacht«, spielen die Lautsprecher ohne Worte, und ganz leise und vorsichtig summt Jesper mit. »Heilige Nacht …«

Die sind hier ja alle gar nicht weihnachtlich, denkt Jesper böse. So ein Geschubse. Und das soll nun Heiligabend sein!

Die Schlange an der Kasse geht fast durch den ganzen Laden. Alle Frauen haben volle Einkaufswagen, aber keine sagt, dass sie Jesper mit seiner kleinen Mehltüte vorlässt.

Da stellt Jesper sich ganz hinten an, und das macht ihm auch gar nicht viel aus. Der Weihnachtstag ist sowieso so lang, da ist es ganz gut, wenn er mit dem Einkaufen nicht so schnell fertig ist.

Aber die Frauen vor ihm haben es alle ganz eilig. Sie gucken auf ihre Uhren und schimpfen mit ihren Kindern, und drei Wagen vor Jesper gibt eine Mutter einem brüllenden kleinen Jungen sogar einen Klaps.

»Bist du wohl still!«, schreit die Mutter. »Bist du wohl jetzt endlich still!«

Gar nicht weihnachtlich, denkt Jesper, absolut kein bisschen weihnachtlich. Aus den Lautsprechern kommt jetzt »Süßer die Glocken nie klingen«, und das singen sie auch in der Schule. Da kennt Jesper den ganzen Text.

»Als in der Wei-hei-nachtszeit«, schließlich kann er sich auch Sachen merken. Nur lange Gedichte nicht so fürchterlich gut, das ist ja auch gar nicht wichtig. Ganz leise fängt Jesper an mitzusingen. »… 's ist, als ob Engelein singen, wieder von Frieden und Freud«, und er merkt, wie er innen drin wieder ganz vergnügt wird. Genau wie man sich am Heiligabend fühlen soll. Und da hört er es hinter sich. Hinter ihm in der Schlange steht ein Mädchen mit seiner Mutter, das kennt Jesper aus Jannas Kindergartengruppe, und jetzt singt das Mädchen auch mit.

»Wie sie gesungen in seliger Nacht!«, singt das Mädchen. Ganz laut. »Wie sie gesungen in seliger Nacht!«

Jesper zieht den Kopf zwischen die Schultern. Hoffentlich gucken jetzt nicht alle her! Einfach für sich selber wollte er singen, ganz leise, damit ihm wieder weihnachtlich wird, und jetzt hören es alle Leute. Das ist Jesper ganz furchtbar peinlich.

Und da fängt die Mutter von dem Mädchen auch noch an! »Glocken mit heiligem Kla-hang!«, singt sie, und sie lacht dabei, und von vorne drehen sich die Leute jetzt wirklich um, und manche fangen einfach auch mit an zu singen: »Glocken mit heiligem Kla-hang, klingt doch die Erde entlang!«

Jesper holt einmal tief Luft. Ganz viele haben da jetzt mitgesungen, mitten im Supermarkt. In der Schlange im Supermarkt haben sie gesungen, alle die Frauen, mit den bösen Gesichtern, und die kleinen Kinder in den Einkaufswagen haben vor Schreck aufgehört zu schreien.

Jesper dreht sich um und lächelt das Mädchen aus Jannas Gruppe an, und das Mädchen lächelt zurück.

»Bitte beachten Sie auch unsere heutigen Sonderangebote!«, ruft der Lautsprecher wieder. »Wir wünschen Ihnen ein frohes Fest.«

Jesper seufzt. So muss es am Heiligabend doch sein, denkt er zufrieden. Genauso muss es am Heilig Abend sein. Dann ist ja alles in Ordnung.

Als das nächste Lied kommt, singt keiner mehr mit, aber man kann hören, dass ganz viele summen. Das tut Jesper jetzt auch. Die Worte kennt er sowieso nicht, es ist ein englisches Lied.

»Frohe Weihnachten«, sagt Jesper höflich zu der Frau an der Kasse, als er sein Mehl bezahlt, und die Frau lächelt und sagt auch »Frohe Weihnachten«.

Dann rennt Jesper ganz schnell nach Hause. Da ist jetzt auch Papa von der Arbeit zurück, und er deckt den Tisch und kocht die Würstchen für den Kartoffelsalat, weil er das jedes Jahr Weihnachten tut. Papa sagt, Würstchen kochen kann in dieser Familie keiner so gut wie er, und wirklich schmecken sie auch immer sehr gut. Dann essen sie alle zusammen und ziehen sich weihnachtlich an, und Papa liest noch eine Geschichte vor bis zur Bescherung. Nur Jule hört nicht zu und versucht wieder, Anna-Pouchette mit dem Küchenschwamm zu waschen, aber leider erwischt Mama sie dieses Mal sofort, und da muss Jule ganz fürchterlich brüllen.

Und dann wird es endlich ein ganz kleines bisschen dämmerig.

»Na, dann wollen wir mal«, sagt Papa und verschwindet im Weihnachtszimmer.

Jesper stöhnt. Die schöne Weihnachtsliederplatte fängt an zu spielen wie jedes Jahr, und durch die Riffelglasscheibe in der Tür kann man sehen, wie die Kerzen anfangen zu brennen, eine nach der anderen und ganz verschwommen.

Jespers Herz fängt an zu klopfen, und die Knie zittern ihm wie bisher erst zweimal in seinem Leben. Dann geht die Tür ganz langsam auf.

»Denkt euch, ich habe das Christkind gesehen«, sagt Janna laut mit ganz wunderbarer Betonung, und Jule schreit: »Bammbaum!«

Vor dem Fenster, gleich neben dem Fernseher, steht ganz riesengroß der Tannenbaum, und von jeder der drei Spitzen baumelt in Glitzerpapier ein Schokoladenstern. Da weiß Jesper, dass es jetzt Weihnachten ist.

Marjaleena Lembcke

Die Nase
des Schneemanns

Als Tuula und Tom am letzten Schultag vor den Weihnachtsferien nach Hause gingen, begegneten sie auf der Landstraße einem alten Mann mit einem großen zotteligen Hund. Er trug einen Rucksack auf dem Rücken und in der Hand hielt er einen Birkenstock. Auf seiner Pelzmütze lag Schnee und in seinem Bart hingen Eistropfen. Es war sehr kalt, aber er hatte keine Handschuhe an.

Weil er mit einer roten Steppjacke bekleidet war, grinste Tom frech und fragte den Alten: »Bist du der Weihnachtsmann?«

Der Hund bellte und knurrte. Der Mann legte seine Hand auf den Nacken des Hundes und sagte zu dem Tier: »Sei ruhig!«

Dann sah er Tom an und fragte: »Was glaubst du?« Sein Blick war betrübt und seine Stimme klang müde.

Tom schüttelte verlegen den Kopf.

Tuula wünschte dem Mann »Frohe Weihnachten«.

Er antwortete nicht und die beiden Kinder gingen weiter.

»Warum war er böse?«, fragte Tom seine Schwester.

»Er war nicht böse«, antwortete Tuula. »Ich glaube, er war traurig.«

»Warum war er denn traurig? Weil er gerne der Weihnachtsmann wäre?«, fragte Tom.

»Er ist ein Landstreicher«, sagte Tuula.

»Was machen Landstreicher?«, fragte Tom.

»Sie streichen durch das Land! Was denn sonst!«

Tuula drehte sich nach dem Mann und dem Hund um. Er war stehen geblieben und schaute den Kindern nach. Den Rest des Weges gingen sie sehr schnell und Tuula sah sich nicht mehr um.

Am nächsten Tag bauten Tuula und Tom einen großen Schneemann. Mit Kohleaugen, einer Karottennase und einem alten Reisigbesen in der Hand. Als der Schneemann fertig war, sahen sie selbst auch fast wie Schneemänner aus. Sie klopften sich den Schnee von den Jacken, Hosen und Handschuhen und liefen ins Haus, um sich in der gut geheizten, nach Hefeteilchen duftenden Küche aufzuwärmen. Die Rosinenschnecken und Zimtrollen lagen bereits auf dem Küchentisch, und nachdem sie die Handschuhe auf die Leine über dem Herd zum Trocknen aufgehängt hatten, setzten sie sich an den Tisch und jeder suchte das Hefeteilchen aus, von dem er glaubte, es sei das größte.

Tom gab dem Star, der auf der Fensterbank hockte, ein paar Krümel ab. Vater hatte den Vogel im Herbst mit einem verletzten Flügel gefunden, ihn ins Haus gebracht und gesund gepflegt. »Er kann den Winter über bei uns im Warmen hocken, während seine Familie im Süden ist. Aber sobald die anderen Stare im Frühjahr von ihrer Reise zurückkehren, soll er sich zu ihnen gesellen. Ein Star ist kein Küchenvogel«, hatte Vater gesagt.

Der Star spielte gerne mit dem Besteck. Er flog auf den Küchentisch und pickte nach einem Kaffeelöffel, als wollte er sagen: Dieser Löffel gehört mir.

»Du bist doch keine Elster!«, sagte Tuula und nahm ihm den Löffel weg.

Der Vogel hüpfte auf Tuulas Arm, legte den Kopf auf die Seite und sang eine Starenmelodie.

»Die Sprache der Vögel kann kein Mensch verstehen«, sagte Tom.

»Aber man kann erkennen, ob sie ärgerlich, glücklich oder traurig sind«, meinte Tuula.

»Vielleicht war der Landstreicher doch böse und nicht traurig«, sagte Tom. »Wenn ich ihn noch einmal treffe, dann frage ich ihn.«

»Willst du ihm hinterherlaufen und fragen: ›Entschuldigen Sie, sind Sie böse?‹«

»Der Hund war auf jeden Fall bissig! Der hätte uns am liebsten angegriffen!«, sagte Tom und dann vergaßen beide den alten Mann und seinen Hund.

Im Wohnzimmer knisterte und raschelte es. Mutter und Vater packten die Weihnachtsgeschenke ein und flüsterten miteinander. Zwischendurch lachte die Mutter fröhlich.

Die ganze Nacht schneite es und die Tannen trugen eine schwere Schneelast auf ihren weit ausladenden Zweigen. Die Einfahrt zum Haus war von hohen Schneewehen zugedeckt. Die Felder glitzerten wie Streuzucker vermischt mit Katzengold.

Der Vater schippte die Einfahrt und den Weg frei und Tuula und Tom befreiten ihren Schneemann vom Neuschnee.

In der Nacht zum 24. Dezember schneite es wieder.

Am Morgen entdeckten Tuula und Tom Fußspuren im Schnee. Sie führten zu dem Schneemann und dann wieder von ihm weg. Und dem Schneemann fehlte die Nase. Die Kinder wühlten im Schnee, konnten die Möhre aber nicht finden. Sie folgten den Spuren. Sie führten in Richtung Scheune. Die Abdrücke stammten von jemandem, der große Schuhe trug.

»Der Weihnachtsmann!«, flüsterte Tom aufgeregt.

»Was soll er mit einer Möhre! Der Weihnachtsmann kommt doch nicht auf einem Osterhasen geritten, sondern in einem Rentierschlitten. Rentiere fressen nur echte lappländische Flechten, keine Möhren«, sagte Tuula und lachte. Dann blieb sie stehen und hielt auch Tom fest.

Im Schnee waren kleine rote Flecken zu sehen.

»Blut!«, rief Tom.

Jemand hat einen Hasen angeschossen, dachte Tuula. Keinen Osterhasen, einen richtigen. Die Blutspur verlief zwischen den Schuhabdrücken.

Hatte Vater einen Hasen geschossen? Oder hatte er einen verletzten Fuchs gefunden und ihn in die Scheune getragen, um ihn dort zu verbinden? Vater hatte schon vielen Tieren das Leben gerettet. Aber er hatte auch schon viele Hasen und Enten geschossen, überlegte Tuula. Plötzlich fiel ihr der alte Mann mit seinem Hund ein. Vielleicht waren es die Spuren des alten Mannes. Vielleicht hatte er seinen Hund getötet. Es waren keine Hundespuren zu sehen. Vielleicht versteckte der Mann sich in der Scheune.

»Vielleicht hat der Weihnachtsmann sich verletzt«, meinte Tom mit etwas unsicherer Stimme.

Tuula zuckte mit den Schultern. Vor der Scheune hörten die Spuren auf. Die Kinder lauschten angespannt. In der Scheune brummelte etwas. Sie machten auf der Stelle kehrt und rannten zum Haus.

»Was ist denn mit euch los?«, fragte die Mutter lächelnd, als sie in die Küche stürzten. »Treibt euch der Hunger?«

Gleichzeitig versuchten Tuula und Tom zu erzählen, was sie gesehen und gehört hatten.

»Blutspuren und unheimliche Stimmen! Und so was an Heiligabend«, meinte Vater, zog seine Jacke an und ging nachschauen.

Tuula und Tom setzten sich ans Fenster und sahen ihm nach.

Vater ging in die Scheune. Nach einer Weile erschien er wieder an der Scheunentür und schloss sie hinter sich.

»War da niemand?«, fragte Tuula.

»Doch«, antwortete Vater. »Ein paar Mäuse und der Wind!«

»Mäuseraschenln war es nicht, was wir gehört haben! Jemand hat gebrummt!« Tom schüttelte den Kopf.

»Der Wind hat gebrummt! Er ist ja ein unruhiger Geselle, er muss immer versuchen, ob er nicht etwas hochheben, in Bewegung setzen oder wenigstens jemanden erschrecken kann. Aber mit den dicken Balken der Scheune hat er wenig Glück. Er hat vor Ärger gebrummelt, weil die Balken nicht vor Angst gezittert und geklappert haben, als er an ihnen rüttelte.«

Tuula sah ihren Vater misstrauisch an.

Aber in der Vorfreude auf das Fest vergaßen Tuula und Tom die Blutspuren, die Nase des Schneemannes und das Gebrumme aus der Scheune.

Mutter, Vater, Tuula und Tom gingen zusammen in die Sauna. Als es ihnen zu heiß wurde, liefen sie hinaus und wälzten sich juchzend in den weichen Schneewehen. Dann wuschen sie sich, zogen ihre schönsten Kleider an und gingen in die Küche. Die Mutter hatte bereits den Tisch festlich gedeckt.

»Jetzt wollen wir schnell essen und dann gibt's die Geschenke«, sagte Tom ungeduldig und setzte sich an den Tisch.

Mutter und Vater sahen sich an und lächelten. »Ihr müsst noch ein wenig warten. Wir haben heute Abend Besuch«, sagte Vater.

»An Heiligabend haben wir doch nie Besuch!«, rief Tuula.

»An diesem Heiligabend schon«, sagte Mutter.

»Wer kommt denn?«, fragte Tom.

»Der Weihnachtsmann«, antwortete Vater.

»Aber den Weihnachtsmann …«, rief Tuula, aber sie sprach nicht weiter. Vater zwinkerte ihr zu.

Und dann warteten sie. Die Kerzen flackerten hell auf den Fensterbänken. Draußen war schwarze Nacht.

An der Tür klopfte es und der Weihnachtsmann trat ein.

Er hatte einen grauen Bart, trug eine rote Jacke, einen Rucksack auf dem Rücken, die Pelzmütze hielt er in der Hand, und neben ihm stand der Hund und wedelte mit dem Schwanz. »Frohe Weihnachten!«, wünschte der Alte.

Tuula und Tom erwiderten seinen Gruß etwas ängstlich.

Mutter bat den Mann, sich an den Tisch zu setzen. Der Hund bekam Speck und ein paar Suppenfleischknochen. Die Menschen aßen Schinken, Möhrenauflauf und Kartoffelbrei. Als Nachtisch gab es Blaubeersuppe mit Sahne. Danach zündete Vater die Kerzen am Baum an und Mutter, Vater, Tuula und Tom sangen Weihnachtslieder. Der alte Mann sang nicht mit. Er öffnete nur ab und zu die Lippen ein wenig.

»Und jetzt möchte unser Weihnachtsmann bestimmt die Geschenke verteilen«, sagte Vater.

Der alte Mann holte seinen Rucksack und las mit zitteriger Stimme die Namen auf den Päckchen vor. Jedes Mal, wenn er Tom ein Päckchen überreichte, machte Tom eine tiefe Verbeugung und sagte: »Danke schön, Weihnachtsmann.«

Und jedes Mal, wenn Tuula ihr Päckchen abholte, schüttelte sie dem Mann die Hand und flüsterte: »Danke.«

171

Die Wangen des Alten fingen an zu glühen, und je später es wurde, umso mehr sah er aus wie ein Weihnachtsmann.

Tuula blätterte in dem Märchenbuch, das sie bekommen hatte. Tom spielte mit seiner Holzeisenbahn. Und der alte Mann saß mit der Mutter und dem Vater am Wohnzimmertisch. Sie unterhielten sich leise. Der alte Mann sagte nicht viel. Immer wenn Tuula von ihrem Buch aufblickte, sah der Mann sie oder Tom an. Wenn er Tuula ansah, lächelte sie ihn an.

Spät in der Nacht bezog Mutter dem Weihnachtsmann eine Matratze in der Küche, ein Gästezimmer hatten sie nicht. Der Mann ging schlafen und der Hund legte sich vor die Matratze.

Als alle Lichter aus waren, sagte der Weihnachtsmann: »Es war ein sehr schöner Abend. Ich danke euch allen.«

Am nächsten Morgen waren der Mann und sein Hund verschwunden.

»Er hätte doch bis zum Frühjahr bei uns bleiben können, bis es wärmer wird, so wie unser Star«, meinte Tom.

»Er hätte sich wenigstens verabschieden können«, sagte Tuula.

Als sie nach ihrem Schneemann schauten, erlebten sie eine Überraschung. Er hatte wieder eine Nase. Die Möhre stand mitten im Gesicht. Genau an der Stelle, an der sie auch früher gesteckt hatte. Sie folgten den neuen Fußstapfen bis zur Scheune. Aber die Spur führte weiter.

»Wo kam der Landstreicher her?«, fragte Tuula ihren Vater.

»Das weiß ich auch nicht«, antwortete der Vater. »Als ich ihn in der Scheune entdeckte, blutete er aus der Nase. Und er hatte Hunger. Ich fragte ihn, ob er unser Gast sein möchte und euch zur Freude die Aufgabe des Weihnachtsmannes übernehmen würde. Das hat er getan. Und dann ist er wieder seiner Wege gegangen.«

Als die Schule wieder anfing, hielten Tuula und Tom auf den Wegen und auf der Straße Ausschau nach einem alten Mann mit einem großen zotteligen Hund. Aber sie sahen ihn nicht wieder. Im Frühjahr flog der Star zu den anderen Vögeln. Und im Herbst zog er mit ihnen in die warmen Länder.

Im Winter bauten Tuula und Tom einen Schneemann. Kein Fremder besuchte ihn und nahm ihm die Karottennase weg.

Und wieder war Weihnachten. Am Heilig Abend schaute der Vater noch einmal in der Scheune nach und die Mutter spähte durch das Fenster nach draußen in die Dunkelheit. Tuula und Tom warteten auf das Klopfen an der Tür.

Der Weihnachtsmann kam nicht wieder.

Schließlich verteilten Tuula und Tom die Geschenke. Und es wurde wieder ein schöner Abend.

James Krüss

Schildkrötensuppe

Es war der vierundzwanzigste Dezember, und es schneite. Gleichmäßig und gleichmütig fiel der Schnee. Er fiel auf die Fabrik für künstliche Blumen, und sein frisches Weiß gab dem hässlichen Backsteinhaus etwas beinahe Heiteres. Er fiel auf die Villa des Fabrikanten, deren eckige Fassade er mit gefälligen Rundungen versah, und er fiel auf des Werkmeisters Einfamilienhaus, aus dem er ein drolliges Zuckerhäuschen machte.

In den Hallen der Fabrik war um diese Zeit keine Menschenseele. Ein missglücktes Veilchen aus Draht und Wachs sinnierte im Kehrichteimer vor sich hin, eine eiserne Tür zum Hof bewegte sich quietschend in den ausgeleierten Scharnieren. In der Villa nebenan telefonierte die Frau des Fabrikanten zum vierten Mal aufgeregt mit der Tierhandlung wegen der bestellten Schildkröte. Im Einfamilienhaus schrieb das jüngste der elf Kinder, die kleine Sabine, zum vierten Mal ihren Wunschzettel:

Lieber Weihnachtsmann, ich möchte eine Schildkröte haben!
    Deine Sabine.

Die Frau des Fabrikanten erwartete die Schildkröte, um Suppe daraus zu kochen.

Sabine erwartete sie als Spielgefährtin. Und der Zufall in Gestalt eines Botenjungen sprach die Schildkröte derjenigen zu, die sie verdiente.

Hier muss endlich bemerkt werden, dass die Villa und das Einfamilienhaus eine Kleinigkeit gemeinsam hatten: das Namensschild an der Tür. Auf beiden Schildern las man »Karl Moosmann«. Zwar las man bei dem Fabrikanten einen Buchstaben mehr, nämlich »Karl F. Moosmann«. Aber für derlei Unterschiede haben Zufälle und Botenjungen kein Auge.

175

So kam es, dass die Schildkröte nicht in die Villa, sondern in das Einfamilienhaus gebracht wurde, wo man sie freudig und arglos in Empfang nahm.

Vater Moosmann glaubte weder an Engel, die als Botenjungen verkleidet kommen, noch an die Gaben guter Feen. Aber er glaubte daran, dass die kleinen Wünsche kleiner Kinder manchmal erfüllt werden, ohne dass man erklären kann, wie. Deshalb freute er sich, als der Zufall seinen Glauben bestätigte.

Sabine erhielt das unerwartete Geschenk schon vor der Bescherung. Die erste Begegnung mit dem Tier verlief für beide Teile etwas unglücklich. Die Schildkröte unterschied sich von der geliebten Bilderbuchschildkröte nämlich dadurch, dass sie zappelte, wenn man sie aufhob, und dass sie bei ungeschickter Berührung sogar fauchte. Das irritierte Sabine so heftig, dass sie das Tier fallen ließ. Zum Glück fiel es nicht tief. Sabine maß noch keinen Meter.

Das Mädchen konnte vor Schreck nur »plumps« sagen. Doch dann hob sie das Tier trotz der strampelnden Beine wieder auf, streichelte den hell- und dunkelbraun geschuppten Panzer und sagte: »Armer Plumps!« Und damit war das Tier getauft. Aus einer beliebigen Schildkröte war sie zu einer bekannten geworden, zur Schildkröte Plumps Moosmann.

Unterdessen telefonierte die Frau Moosmann aus der Villa zum fünften Mal mit der Tierhandlung, und ihre Stimme kippte zuweilen ein bisschen über: »... ist doch großer Unfug. Wie kann sie hier sein, wenn niemand sie gebracht hat? ... Bitte? ... Nein, Schildkrötensuppe! ... Was sagten Sie? ... Die letzte? Das wird ja immer heiterer! Ich habe sie doch zeitig genug bestellt! ... Ist denn der Bote noch nicht zurück? ... Wie? ... Also, dann rufe ich in einer halben Stunde noch einmal an. Adieu!«

Der Hörer fiel scheppernd auf die Gabel und die Frau Moosmann aus der Villa in einen Sessel. Erst jetzt bemerkte sie, dass ihr Sohn Alexander in der Tür stand.

»Bekomme ich auch eine Schildkröte zu Weihnachten, Mama?«

»Die Schildkröte ist für die Suppe, Alex! Vater wünscht sich eine echte Mockturtlesuppe zum Fest. Berta soll sie zubereiten. Wir wissen nur nicht, wie das gemacht wird.«

Alexander zog eine Schnute, die ihm reizend stand, und wollte abziehen. Aber er besann sich anders, drehte sich noch einmal um und äußerte betont beiläufig: »Sabines Schildkröte heißt Plumps. Sie wird nicht zu Mucketurtelsuppe verarbeitet.« Dann wollte er endgültig gehen.

Aber diesmal hielt die Mutter ihn zurück. »Was ist das für eine Schildkröte, von der du sprichst, Alex?«

»Sabine hat heute Nachmittag eine Schildkröte zu Weihnachten bekommen. Sie weiß nicht, von wem. Sie heißt Plumps.«

»Heute Nachmittag, sagst du? Warte, bitte!«

Zum sechsten Mal an diesem Nachmittag telefonierte die Frau des Fabrikanten mit der Tierhandlung. Der Bote war gerade zurückgekommen und berichtete, dass er das Tier bei Karl Moosmann abgeliefert habe.

Damit war die Sache klar: Sabine hatte versehentlich die Schildkröte bekommen, die in die Villa bestellt war. Also wurde Alexander ins Nachbarhaus geschickt, um den Irrtum aufzuklären und die Schildkröte herüberzuholen. Die Moosmannkinder nebenan waren allesamt rothaarig. Das Rot ihrer Schöpfe reichte vom blassen Gold bis fast zum Zinnober. Sie waren gerade dabei, sich für die Bescherung umzuziehen, als Alexander herübergestürmt kam. So traf der Bub nur Mieze, die Älteste, die in der Küche stand und kochte. Die kleine Sabine bemerkte er nicht, denn sie hockte mit ihrer Schildkröte hinter der halb offenen Küchentür.

»Du, Mieze, es ist unsere Schildkröte!«, schrie er ohne jede Einleitung. »Wir brauchen sie für die Mucketurtelsuppe. Der Bote hat sie aus Versehen zu euch gebracht.«

»Mockturtlesuppe kocht man aus Kalbsköpfen und nicht aus Schildkröten«, bemerkte Mieze, denn sie besuchte eine Kochschule.

»Trotzdem ist es unsere Schildkröte. Wo ist sie?«

Mieze zuckte mit den Schultern und schielte unauffällig zur Küchentür.

177

Aber weder Sabinchen noch die Schildkröte waren zu sehen. So gab sie Alexander den Rat, im ersten Stock nachzuforschen.

Im Mädchenzimmer des ersten Stocks fingen vier Moosmannmädchen bei Alexanders Eintritt zu kreischen an. Sie probierten gerade drei bunte neue Röcke an. Das belustigte Alexander. Aber die Schildkröte fand er hier nicht. Im Jungenschlafzimmer spielte er mit drei Moosmannbuben Domino. Das war aufregend. Aber die Schildkröte hatte er noch immer nicht.

Auf der Treppe lief er Vater Moosmann in den Weg, der schon von der Verwechslung gehört hatte und die Stirn krauste. »Wenn die Schildkröte euch gehört, muss Sabine sie zurückgeben«, meinte er. »Es gibt ja noch mehr Schildkröten auf der Welt. Sag deiner Mutter, wir bringen das Tier, sobald wir Sabine gefunden haben.«

Alexander raste mit dieser Nachricht in die Villa zurück, und zehn Moosmannkinder suchten Sabine und ihre Schildkröte.

Eine Stunde später suchte man das Schwesterchen immer noch. Schließlich wurde Mieze in die Fabrikantenvilla geschickt, um nachzuforschen, ob Sabine vielleicht schon dort sei. Aber auch dort war das Mädchen nicht.

Erst jetzt begriff Mieze, was geschehen war: Sabine hatte die Unterhaltung in der Küche belauscht und sich mit ihrer Schildkröte irgendwo versteckt, um das Tier behalten zu können. Aber wo hatte sie sich versteckt?

Mieze erzählte der Fabrikantenfrau von ihrer Vermutung und fügte hinzu: »Echte Mockturtlesuppe wird übrigens aus Kalbskopf hergestellt, obwohl man sie fälschlich auch Schildkrötensuppe nennt.«

»Sind Sie ganz sicher?«

»Ganz sicher«, antwortete Mieze. »Ich besuche einen Kochkursus. Die richtige Schildkrötensuppe wird Lady Curzon genannt. In unserem Kurs ist es aber verboten, sie zu kochen, weil die Tiere dafür auf grausame Weise umgebracht werden.«

»Wie entsetzlich!«, sagte die Fabrikantenfrau. »Unter diesen Umständen erlaube ich Sabine, die Schildkröte zu behalten.«

»Vorausgesetzt, wir finden Sabine«, sagte Mieze und verließ die Villa.

Draußen schneite es noch immer. Es dunkelte schon, und die Stunde der Bescherung rückte näher. Aber im Haus der Moosmannkinder zeigte sich keine Sabine.

Hin und wieder kam Alexander von der Villa herüber und fragte, ob das Mädchen gefunden sei. Aber er kehrte jedes Mal ergebnislos zu seiner Mama zurück.

Gegen halb fünf zog die Fabrikantenfrau ihren Pelzmantel an und ging selbst ins Nachbarhaus. Obschon sie für die heillose Verwechslung nichts konnte, fühlte sie eine Art Mitschuld. Frau Moosmann saß als ein Häufchen Elend in der Küche. Vater Moosmann donnerte sinnlose Befehle ins Haus und scheuchte seine Kinder in die entferntesten Winkel.

In diesem Wirrwarr verwandelte sich die nervöse Aufregung der Fabrikantenfrau plötzlich in erstaunliche Tatkraft.

»Frau Moosmann, bereiten Sie die Bescherung vor!«, sagte sie in so entschiedenem Ton, dass Mutter Moosmann wirklich aufstand und sich am Küchentisch zu schaffen machte.

»Glauben Sie, wir finden Sabine?« Mutter Moosmann schluckte bei der Frage.

»Wir werden sie alle zusammen suchen«, lautete die Antwort. »Und ich bin sicher, wir finden sie.«

Unter Leitung der Frau Moosmann aus der Villa begann eine planmäßige Suche durch das ganze Haus, an der Vater Moosmann sich merkwürdig widerspruchslos beteiligte. Der Kloß in seiner Kehle wurde immer kleiner,

als er eine Aufgabe hatte. Aber der Kloß wuchs zur alten Größe an, als nach einer halben Stunde das Ergebnis der Suche feststand: Sabine war nicht im Haus:

Jetzt war Frau Moosmann aus der Villa nicht mehr so zuversichtlich wie zuvor. Aber sie zwang sich, es niemanden merken zu lassen. »Sabine hat das Haus verlassen«, stellte sie mit betont sachlicher Stimme fest. »Wir müssen die ganze Nachbarschaft durchkämmen. Ich habe einen Mann, einen Sohn und zwei Dienstboten. Die werden mitsuchen. Jeder bekommt ein Revier. Ich übernehme die Fabrik.«

Zunächst wurde von der Villa aus mit der Polizei telefoniert. Aber die hatte kein Mädchen mit einer Schildkröte aufgegriffen. Immerhin wollte sie die Augen offen halten.

Dann schwärmte man, einschließlich Fabrikant und Hausmädchen, nach einem genau durchdachten Plan unter dem wirbelnden Schnee in die Häuser und Gassen der Nachbarschaft aus. Frau Moosmann aus der Villa schritt entschlossen in den Hof der Fabrik und entdeckte hier eine weit offen stehende Eisentür.

Als sie durch die Tür in die Fabrik trat und das Licht einschaltete, hörte sie aus einer entfernten Ecke der riesigen Halle eine Art leises Quieken. Sie wandte den Kopf und entdeckte rechts hinten in der Ecke ein ganz in sich zusammengekrümmtes Geschöpfchen: Sabine.

»Aber Kind, was machst du denn da?« Ihre Stimme hallte kalt und fremd durch den Raum.

»Du kriegst die Schildkröte nicht!«, schrie das Mädchen. »Plumps gehört mir!«

181

Erst jetzt bemerkte die Fabrikantenfrau, dass Sabine auf einer Kiste hockte, die Schildkröte auf dem Schoß.

Sie schritt quer durch die Halle auf das Mädchen zu, das noch mehr in sich zusammenkroch und ihr mit großen, ängstlichen Augen entgegensah.

»Du kannst die Schildkröte behalten, Sabine. Ich brauche sie nicht mehr.«

Das Kind umklammerte die Schildkröte. Ihre Augen verrieten Zweifel.

Die Fabrikantenfrau war verwirrt und wiederholte: »Du kannst die Schildkröte behalten!«

Als sie fast vor Sabine stand, rief das Mädchen: »Du lügst! Du willst Suppe aus ihr kochen! Aber man kann die Suppe auch aus Kalbsköpfen kochen, sagt Mieze.«

Jetzt musste Frau Moosmann lachen. »Du hast recht«, gab sie zu. »Die Suppe macht man aus Kalbskopf. Deshalb brauche ich überhaupt keine Schildkröte.«

»Schwöre, dass es meine Schildkröte ist!«

Halb befremdet, halb belustigt legte Frau Moosmann eine Hand auf das Herz, hob die andere zum Schwur und versicherte feierlich: »Ich schwöre, dass die Schildkröte mit Namen Plumps der Sabine Moosmann gehört.«

»Jetzt glaube ich dir.« Das Mädchen stand auf und fügte hinzu: »Die Menschen sind nicht lieb, wenn sie Schildkrötensuppe kochen. Sie machen das sehr grausam.«

»Das hat mir deine Schwester schon erzählt«, sagte die Fabrikantenfrau. »Was für ein Glück, dass der gütige Zufall die Schildkröte zu euch gebracht hat, Sabine. In Zukunft werde ich nie mehr Schildkrötensuppe essen, auch nicht einen Löffel voll. Aber jetzt komm, Sabine. Wir müssen heim. Ich glaube, du hast dich erkältet. Und Plumps muss auch in die Wärme zurück. Die meisten Schildkröten halten nämlich um diese Zeit ihren Winterschlaf.«

»Weiß ich«, sagte Sabine altklug. »Ich muss eine Kiste mit Torf für Plumps besorgen.« Plötzlich begann die Schildkröte, heftig mit den Beinen zu strampeln, und Sabine fing an zu niesen. Da ergriff die Fabrikantenfrau entschlossen die freie Hand des Mädchens und ging mit ihr durch den fallenden Schnee hinüber zum Haus der Moosmannkinder.

Unterwegs meinte Sabine: »Wenn du keine Suppe aus Schildkröten kochst, könntest du dir eigentlich eine Schildkröte zum Spielen anschaffen.«

»Geht nicht, Sabine. Plumps war die letzte Schildkröte in der Tierhandlung. Die anderen liegen im Winterschlaf.«

Das kleine Mädchen blieb plötzlich stehen, zögerte einen kurzen Augenblick, blickte die Schildkröte an, die sich in ihrem Panzer verkrochen hatte, und legte sie sanft der Frau Moosmann in den Arm. »Ich schenk sie dir zu Weihnachten. Es gibt ja noch andere Schildkröten. Ich bestell mir eine im Frühjahr.«

Frau Moosmann aus der Villa sah verwirrt auf die Schildkröte, die auf dem weichen Pelz des Mantels vorsichtig den Kopf vorstreckte.

»Es gefällt ihr bei dir«, sagte Sabine.

»Trotzdem glaube ich, dass du mehr Zeit für die Schildkröte hast als ich, Sabine. Ich gebe dir das Geschenk zurück.«

Wieder wechselte das verängstigte Tier den Besitzer.

Sabine strahlte. »Du hast recht«, meinte sie. »Ich kann mich mehr um Plumps kümmern als du. Außerdem ist sie ja schon an mich gewöhnt. Du bist viel netter, als ich dachte. Vielen, vielen Dank und fröhliche Weihnachten.«

Die Fabrikantenfrau schluckte ein bisschen und sagte: »Fröhliche Weihnachten, Sabine!«

Dann wanderten sie Hand in Hand weiter und wurden bald von den Flocken verdeckt, die gleichmäßig und gleichmütig auf Gerechte wie auf Ungerechte fielen.

Christine Nöstlinger

Die große Gemeinheit

Manchmal erzählen erwachsene Leute von einer großen Gemeinheit, die ihnen erwachsene Leute damals, als sie noch Kinder waren, angetan haben.

Denen, die zuhören, kommt das oft gar nicht besonders gemein vor. Die denken sich dann: Was regt sich der so drüber auf, wenn dem nichts Ärgeres als Kind passiert ist, kann er froh sein!

Wenn der Anton von viel früher erzählt und von der großen Gemeinheit, die man ihm angetan hat, ist das auch eine Weihnachtsgeschichte. Fünfzig Jahre ist es schon her, dass sie der Anton erlebt hat.

Damals war er neun Jahre alt. Er wohnte auf dem Land, in einem kleinen Dorf. Seine Eltern hatten dort eine Greißlerei.

Die anderen Leute im Dorf nahmen Weihnachten nicht sehr wichtig. Die waren Bauern. Bei denen gab es zu Weihnachten nur einen kleinen Christbaum, mit nichts drauf als ein paar dünnen weißen Kerzen und ein bisschen Engelshaar. Und die Bauernkinder bekamen zu Weihnachten Fäustlinge oder eine Mütze oder ein Hemd. Und weiße Semmeln kriegten sie zu essen.

An allen anderen Tagen im Jahr gab es nur selbst gebackenes Schwarzbrot. Das schmeckt gut, wenn es frisch ist, aber die Bauern buken nur alle drei Wochen. Brot, das drei Wochen alt ist, schmeckt überhaupt nicht gut. Da freut man sich über weiße Semmeln zu Weihnachten, aber besonders wichtig sind sie einem auch nicht. Die Greißlerkinder und die Doktorkinder waren die einzigen Kinder im Dorf, für die Weihnachten mehr bedeutete als weiße Semmeln, Mützen, Hemden und Fäustlinge.

Die Mutter vom Anton liebte Weihnachten besonders. Schon lange vor Weihnachten tat sie immer recht geheimnisvoll. Einmal in der Woche fuhr sie mit dem Bimmelzug in die Stadt, und wenn sie wieder heimkam, hatte sie jedes Mal ein oder zwei Päckchen in der Tasche, die waren fest verschnürt, und dann sagte sie zum Anton und seinen Geschwistern: »Die hat mir das Christkind mitgegeben!«

Alle Päckchen, die das Christkind der Mutter vom Anton mitgegeben hatte, kamen in die große Kredenz im Wohnzimmer, und der Schlüssel von der Kredenz war in der Schürzentasche der Mutter. Niemand außer ihr und dem Christkind durfte in die Kredenz hineinschauen.

Anfang Dezember brachte sie auch den Adventskalender aus der Stadt mit. Und der Anton zählte jeden Tag die Tage bis Weihnachten ab, und wievielmal er noch ins Bett gehen und schlafen musste, bevor der Heilige Abend endlich da war. Und an die Kredenz musste er auch immer denken! Die Weihnachtsgeschenke waren nämlich eine sehr unsichere Sache.

Sagte der Anton: »Ich wünsche mir heuer zu Weihnachten ein Paar neue Ski!«, wiegte seine Mutter den Kopf und sagte mit Seufzerstimme: »Ich weiß wirklich nicht, ob du dem Christkind brav genug warst für neue Ski!«

Aber gleich nachher lächelte sie wieder so geheimnisvoll, dass der Anton dachte: Sicher bekomme ich die neuen Ski!

Und dann wieder, wenn der Anton etwas getan hatte, was nicht besonders brav gewesen war, sagte seine Mutter: »Da wird das Christkind heute Nacht kommen und sich alle deine Packerln zurückholen und sie einem anderen, viel braveren Kind bringen!«

In der Gegend, wo der Anton lebte, schneite es schon im November, und der Schnee schmolz den ganzen Winter nicht weg. Bis in den April hinein konnte man dort Ski fahren. Und oft musste man Ski fahren. Im Winter holte der Anton jeden Tag die Milch vom Bauern auf Skiern. In die Schule fuhr er meistens auch auf Skiern. Ski waren sehr wichtig für ihn.

Und genauso wichtig waren Bücher für ihn. Er las schrecklich gern. Die Bücher brachte ihm jedes Jahr das Christkind. Wenn man nur einmal im Jahr Bücher bekommt, ist man natürlich sehr neugierig, ob es auch die richtigen Bücher sein werden, denn dann braucht man Bücher zum Immer-wieder-Lesen. Bücher, wo Seiten drin sind, die man auch zehnmal lesen kann.

Und so fragte der Anton fast jeden Tag seine Mutter: »Wie viele Bücher kriege ich denn diesmal zu Weihnachten? Und was für Bücher sind das? Sag's mir nur so ungefähr, bitte!«

Aber die Mutter lachte bloß immer und sagte: »Das weiß ich doch nicht, da müsstest du schon das Christkind selbst danach fragen!«

Das ganze Glück hing also vom Christkind ab, und der Mutter vom Anton machte das Spaß. Fast zwei Monate lang hatte sie einen braven

Anton, der meistens folgte und nur ganz selten schlimm war, damit er das Christkind nicht verärgerte. Er wusste natürlich, dass es kein Christkind gab, aber das traute er sich nicht zu sagen; auch das hätte das Christkind verärgern können.

Mit jedem Tag zu Weihnachten hin jedenfalls wurde der Anton aufgeregter, und an manchen Abenden, wenn es im Haus schon ganz still war, lag er im Bett und dachte darüber nach, ob er das größte Verbrechen der Welt wagen sollte. Das größte Verbrechen der Welt war, den Schlüssel zur Kredenz aus der Schürzentasche der Mutter zu stibitzen und nachzuschauen, ob in der Kredenz auch der »Lederstrumpf« lag, und vielleicht sogar der »Winnetou«. Und jeden Tag durchforschte der Anton erfolglos den Dachboden und den Keller und hielt Ausschau nach einem schmalen, langen Paket. Ski passten ja nicht in die Kredenz hinein.

Und dann kam der 24. Dezember. Der Anton war längst wach, als es draußen noch dämmerte, und er war schon fix und fertig angezogen und vor dem Haus, als sein Vater noch in der Küche beim Frühstück saß. Er wollte mit dem Vater den Christbaum vom Bauern holen. Entsetzlich lang wartete er vor dem Haus und fror erbärmlich. Dann lief er ins Haus rein, um den Vater zu holen. Der Vater und die Mutter waren im Zimmer beim kleinen Bruder vom Anton. Der kleine Bruder hatte vorgestern gehustet, gestern hatte er Halsweh bekommen, und nun lag er im Bett und hatte ganz hohes Fieber. Dabei war es doch noch früh am Morgen, um diese Zeit hat man selten hohes Fieber. Der kleine Bruder keuchte auch so komisch und gab keine Antworten, wenn man ihn etwas fragte.

Die Mutter vom Anton rief den Doktor an, aber der war nicht zu Hause. Nur die Frau vom Doktor war daheim, und die versprach: »Gleich, wenn mein Mann zurückkommt, schick ich ihn rüber!«

Der Anton ging wieder vors Haus. Er machte Schneebälle und warf sie gegen den Zaun. Er rutschte den eisigen Weg zur Straße auf dem Hintern hinunter, er stieg auf die Leiter, brach Eiszapfen von der Dachrinne und lutschte daran und wartete, dass endlich der Doktor kommen würde, und dann endlich der Vater zu ihm raus, um mit ihm den Christbaum vom Bauern zu holen. Er wurde immer ungeduldiger.

Zu Mittag holte ihn das Dienstmädchen ins Haus und schimpfte mit ihm. Sie sagte, wenn er stundenlang im Schnee herumrenne, werde er bald genauso todkrank wie sein kleiner Bruder sein.

Der Anton blieb in der Küche sitzen. Bis der Doktor kam. Der Doktor sagte, der kleine Bruder habe eine Lungenentzündung und müsse ins Spital. Damals gab es noch kein Penicillin, und eine Lungenentzündung war eine sehr gefährliche Krankheit. Die Mutter weinte. Der Vater weinte nicht, aber er hatte auch schreckliche Angst um seinen kleinen Sohn.

Zwei Stunden dauerte es, bis das Rettungsauto da war. Die Männer vom Rettungsdienst brachten den in eine Decke gewickelten kleinen Bruder auf einer Tragbahre zum Auto. Sie schoben ihn hinein und schlossen die Autotür. Dann stiegen sie selbst ein und fuhren weg.

Der Vater vom Anton holte seinen alten Volkswagen aus der Garage, die Mutter schlüpfte in ihren Fuchspelzmantel. Sie weinte immer noch und schnäuzte sich. Das Dienstmädchen weinte auch. Und die ganz kleine Schwester plärrte. Aber die plärrte oft.

Um den Anton kümmerte sich niemand. Er lief hinter seiner weinenden Mutter her, als die zum Volkswagen ging. »Wo fahrt ihr denn hin?«, fragte er.

»Ins Spital, in die Stadt«, schluchzte die Mutter.

Der Anton hatte sehr lange auf Weihnachten gewartet, und er war sehr lange brav gewesen, er hatte sich beherrscht und das größte Verbrechen der Welt nicht begangen. Jeden Tag hatten sie ihm gesagt: »Am Heiligen Abend wird man ja sehen, ob du dem Christkind brav genug gewesen bist!«

Und nun war der Heilige Abend da, und seine Eltern wollten ins Auto steigen und wegfahren.

Der Anton packte die Mutter am Fuchspelzmantel, hielt sie fest und fragte: »Und was ist jetzt mit den Geschenken?«

Da schrie ihn der Vater an: »Dein Bruder ist todkrank, und du Schweinkerl denkst an deine Geschenke!« Er schubste den Anton von der Mutter weg, und der Anton trottete ins Haus zurück.

Das Dienstmädchen hat dann den Christbaum vom Bauern geholt und aufgeputzt. Spät am Nachmittag sind der Vater und die Mutter aus der Stadt zurückgekommen. Die Mutter hat nicht mehr geweint, weil ihr die Ärzte im Spital geschworen hatten, dass der kleine Bruder in ein, zwei Wochen wieder ganz gesund sein würde.

Geschenke hat es für den Anton am Abend natürlich gegeben. Ob es die Ski waren, und welche Bücher es waren, weiß er heute nicht mehr. Der Anton erinnert sich nur noch an das schreckliche Gefühl: Sie halten mich alle für einen schlechten Menschen! Und dass er nicht wusste, ob sie damit recht hatten, und dass das grauslich für ihn war, daran erinnert er sich auch.

Heute noch verteidigt sich der alte Anton deswegen und beteuert, dass er doch auch um den kleinen Bruder Angst gehabt hat, und sagt, dass man doch kein schlechter Mensch ist, wenn man neben der Angst auch noch an den Lohn für das Bravsein denkt.

Weihnachten, übrigens, mag er nicht sehr. Und Ski und Bücher und andere Sachen, die Kinder mögen, kauft er seinem Sohn lieber an den ganz gewöhnlichen Donnerstagen oder Freitagen und schenkt sie dann auch gleich her. Und ob sein Sohn an diesen Tagen brav war oder nicht, interessiert ihn überhaupt nicht.

Paul Maar

Weihnachts-
überraschungen

Wenn ich versuche zurückzudenken, dann gibt es nicht viele Weihnachtsabende, an die ich mich noch genau erinnern kann. Die Erinnerungen verwischen und vermischen sich mit der Zeit, weil sie sich zu sehr ähneln. Der Ablauf des Weihnachtsabends blieb immer gleich, das Einzige, was wechselte, waren die Weihnachtsgeschenke.

Ein paar Weihnachtsfeste blieben mir allerdings in Erinnerung. Das waren die besonders traurigen (während der Kriegszeit, wenn wir mit meiner weinenden Mutter etwas betreten neben dem Christbaum saßen) oder die besonders lustigen. Aber das aufregendste Weihnachtsfest war zweifellos das, als Vater den Christbaum aus dem Fenster warf.

Die ganze Verwirrung damals kam wahrscheinlich zustande, weil sich meine große Schwester eine Weihnachtsüberraschung ausgedacht hatte, von der zwar ich etwas wusste, nicht aber der Rest der Familie. Und weil sich mein Vater gleichzeitig eine Weihnachtsüberraschung hatte einfallen lassen, von der der Rest der Familie wusste, nicht aber meine große Schwester und ich.

Unsere Weihnachtsüberraschung, also die von meiner Schwester und mir, war Joschi. Vaters Weihnachtsüberraschung war Tante Rosi.

Joschi war ein japanischer Student, den meine Schwester in München auf der Universität kennengelernt hatte. Während des Sommers war er drei Tage bei uns zu Besuch gewesen. Die ganze Familie hatte ihn auf Anhieb gern; obwohl es schwierig war, sich mit ihm zu unterhalten. Er sprach nämlich kaum ein Wort Deutsch. Mit meiner Schwester unterhielt er sich englisch, aber Englisch konnten meine Eltern nicht, und meine Schwester war es nach ein paar Stunden leid, alles, was sie oder Joschi sagten, zu übersetzen.

Tante Rosi war meine Großtante. Sie kam ab und zu bei uns vorbei, und ich empfing sie jedes Mal mit gemischten Gefühlen. Auf die Tante freute ich mich schon, denn sie war nett und wusste, dass eine Großtante ihrem Großneffen immer etwas mitzubringen hatte. Leider brachte sie auch immer Mucki mit. Das war ihr Hund, ein dicker, überfütterter Pudel, der Kinder nicht leiden konnte, jedes Mal knurrte, wenn ich in seine Nähe kam und mich mehr als einmal fast gebissen hätte. Sie musste Mucki überall mit hinnehmen, weil sie allein lebte und niemand sonst auf Mucki aufgepasst hätte.

Der Weihnachts-Überraschungs-Plan meiner Schwester sah so aus: Sie war am Nachmittag aus München zurückgekommen, hatte Joschi heimlich mitgebracht, und es war ihr sogar gelungen, ihn unbemerkt in mein Zimmer zu schmuggeln. Da war er vor Entdeckung sicher, denn die Eltern durften am Weihnachtsnachmittag die Kinderzimmer nicht betreten, so war es abgemacht, weil dort die Geschenke für sie versteckt waren.

Joschi sollte sich aus meinem Zimmer schleichen und vor der Tür warten, nachdem wir uns alle im Weihnachtszimmer versammelt hatten. Und wenn wir wie jedes Jahr anfingen, »Stille Nacht« zu singen, sollte er die Tür aufmachen und plötzlich im Weihnachtzimmer stehen.

Meine große Schwester hatte mir einen Indianerkopfschmuck versprochen, wenn ich niemandem etwas von dieser Überraschung erzählte. Sie wusste, dass auf meiner Wunschliste an erster Stelle stand: ein Zauberkasten und ein Indianer-Kopfschmuck aus Federn.

Was wir beide nicht wussten: Fast gleichzeitig mit Joschi war Tante Rosi mit Mucki gekommen. Wir hatten sie nicht gehört, weil wir so mit Joschi beschäftigt waren.

Der Weihnachts-Überraschungs-Plan meines Vaters sah so aus: Er hatte Tante Rosi gleich ins Weihnachtszimmer geschmuggelt. Dort lagen schon die Geschenke für mich: eine Zauberausrüstung mit Hut, Zauberstab und rotem Umhang und eine Indianer-Federkrone, die meine Mutter selbst gemacht hatte. Kurz bevor ich ins Weihnachtszimmer kam, sollte Tante Rosi die Federkrone aufsetzen und sich hinter dem zugezogenen Fenstervorhang verstecken. Meinem

Vater war klar, dass ich meine Zaubersachen gleich ausprobieren würde, vielleicht sogar ein bisschen enttäuscht darüber, dass der Indianer-Kopfschmuck, den ich mir so gewünscht hatte, doch nicht auf dem Gabentisch lag. Aber nach meinem ersten Zauberspruch würde sich der Vorhang teilen und Tante Rosi erscheinen, als Indianer mit meiner Federkrone.

Endlich war es draußen dunkel geworden, meine Mutter rief nach uns, die Tür zum Weihnachtszimmer wurde geöffnet. Die Kerzen am Christbaum brannten und spiegelten sich in den versilberten Christbaumkugeln. Es roch weihnachtlich. Zu meiner Überraschung bestanden meine Eltern nicht darauf, dass erst einmal Weihnachtslieder gesungen werden müssten, wir durften uns gleich die Geschenke ansehen.

Ich entdeckte sofort die Zaubersachen und stürzte mich darauf.

»Gefallen sie dir?«, fragte meine Mutter.

»Ganz toll!«, rief ich und setzte gleich den spitzen Zauberhut auf, um zu sehen, ob er mir passte.

»Sicher willst du den Zauberstab gleich ausprobieren!«, sagte mein Vater.

»Nein, erst muss ich den Zaubermantel anziehen«, antwortete ich und versuchte, mir den Zauberumhang umzulegen. Ich kam mit dem Verschluss nicht zurecht. Mein Vater stand ungeduldig daneben.

»Ich werde gleich was verschwinden lassen«, sagte ich.

»Verschwinden lassen ist nicht gut«, sagte mein Vater. »Zauberer zaubern etwas her. Am besten etwas Großes, etwas Lebendiges. Keinen Gegenstand!«

»Vielleicht einen Elefanten?«

»Der ist zu groß, der passt ja nicht ins Zimmer! Es muss ein Mensch sein!«

»Ein Mensch? Also gut! Ein fremder Mensch?« Ich dachte an den armen Joschi, der ja immer noch vor der Tür stand, da wir bis jetzt keine Weihnachtslieder gesungen hatten.

»Einen Japaner«, rief ich. »Ich werde einen Japaner herzaubern!«

»Japaner!«, wiederholte mein Vater ärgerlich.

»Fällt dir nichts Besseres ein? Du hast doch den Lederstrumpf gelesen. Na? Jemand aus einem anderen Volk, von ganz weit her!«

»Du hast wohl etwas gegen Japaner!«, rief meine Schwester empört und wurde ganz aufgeregt.

»Nein, natürlich nicht, das weißt du doch. Aber es dauert wirklich ewig, bis er sich den Indianer herwünscht!«

»Woher soll ich denn wissen, dass es ein Indianer sein soll!«, sagte ich beleidigt und war nahe daran, in Tränen auszubrechen. Ich verstand meinen Vater nicht. Es war doch klar, dass das Ganze ein Spiel war.

Meine Mutter sagte vorwurfsvoll: »Ihr werdet doch am Heiligen Abend keinen Streit anfangen wollen!«

»Du hast recht«, sagte meine große Schwester.

»Wir sollten endlich anfangen zu singen.«

»Nein, noch nicht«, sagte mein Vater aufgebracht.

»Du singst doch sonst nie gerne Weihnachtslieder. Warum denn ausgerechnet jetzt, wo sich dein Bruder einen Indianer herwünschen will!«

»Also gut«, sagte ich. »Zaubere ich einen.«

»Aber von wo soll er kommen?«, fragte mein Vater. »Schau dich mal um, am besten wäre es wie über eine Bühne.« Dabei stellte er sich neben den Fenstervorhang.

»Nein, von der Tür«, sagte ich. Denn ich dachte an Joschi, der immer noch draußen stand.

»Nicht durch die Tür!« Mein Vater wurde ärgerlich.

»Er muss durchs Fenster kommen.«

»Nein, durch die Tür«, beharrte ich.

»Durchs Fenster!«

»Jetzt lass doch den Paul wünschen«, sagte meine Schwester mit Nachdruck. »Schließlich ist es doch sein Zauberstab.«

Ich merkte, dass mein Vater schon wieder nah dran war, aufzubrausen. Er bekam schon einen ganz roten Kopf, deswegen sagte ich schnell: »Na schön, soll der Japaner durchs Fenster kommen.«

196

»Der Indianer, der Indianer!«, verbesserte mein Vater.

Ich nahm meinen Zauberstab in die rechte Hand und zog einen weiten Zauberkreis über den Vorhang. Ehe ich aber dreimal »Abrakadabra« sagen konnte, stürzte mit lautem Bellen Mucki auf mich zu und biss sich in meinem roten Zaubermantel fest. Einen Augenblick später erschien Tante Rosi im Indianerkopfschmuck zwischen den Vorhanghälften, schrie »Mucki, brav! Mucki, hierher!«, packte Mucki am Halsband und zog, so stark sie nur konnte.

Mucki ließ meinen Zaubermantel aus den Zähnen, Tante Rosi stolperte rückwärts gegen den Christbaum, der Baum kippte und fiel um. Im Nu fingen die Zweige an zu brennen. Tante Rosi schrie »Feuer!« und rannte zur Tür, meine Mutter rief »Wasser! Schnell!« und lief ihr nach. Tante Rosi erreichte die Tür als Erste, riss sie auf, schrie »Huh!« oder »Huch!« oder so etwas Ähnliches und blieb wie versteinert stehen. Etwas verlegen kam Joschi ins Zimmer, lächelte erst und schaute dann erschrocken auf den brennenden Christbaum.

Meine Mutter sagte entgeistert: »Der Joschi!!!«, und blieb ebenfalls stehen. Nur mein Vater sagte überhaupt nichts, rannte zum Fenster, riss es auf, packte den brennenden Christbaum und warf ihn mit allen Christbaumkugeln, Strohsternen und vergoldeten Nüssen hinaus in den Schnee.

Später saßen wir dann alle um den Tisch und aßen den Weihnachtssalat aus Kartoffeln, Nüssen und Äpfeln, den es jedes Jahr gab.

Joschi strahlte, meine Schwester lachte pausenlos, und mein Vater sagte: »Ich glaube, diesen Weihnachtstag werden wir nicht so schnell vergessen!«

Und damit hat er recht gehabt. Wenn ich mal nach Japan komme, kann ich ja meine Schwester fragen, ob sie sich auch noch daran erinnert.

Ulrike Sauerhöfer

Leo, der Weihnachts-baumverkäufer

In einem kleinen Städtchen in Schweden lebte vor einiger Zeit ein Mann, der hieß Leo. Er war schon ziemlich alt, hatte weißes Haar und eine große, dicke Nase mitten im Gesicht. Das Schönste an ihm aber waren seine Augen. Freundlich und klar waren sie und von einem wunderbaren Blau. Blickte man hinein, dann war es, als wäre Leo ein junger Mann, so lebhaft und fröhlich schauten sie in die Welt.

Winter für Winter stand Leo auf dem kleinen Marktplatz an der Kirche und verkaufte Weihnachtsbäume, große und kleine, dicke und dünne, gerade und krumme, edle und bescheidene. Noch nie hatte Leo einen eigenen Baum besessen, denn er war sehr arm. Trotzdem liebte er das Weihnachtsfest über alles. Es gab jedes Jahr feinen Heringssalat und zwei Scheiben gutes, kräftiges Schwarzbrot. Dazu trank Leo ein, zwei Fläschchen Bier, stellte das Radio an und lauschte den schönen Weihnachtsliedern, die von großen und berühmten Chören gesungen wurden.

In diesem Winter war besonders viel Schnee gefallen. Dicke, weiße Polster bedeckten die Häuser und Mauern, jeder noch so zarte Ast balancierte eine feine Schneeschicht und viele Kinder waren unterwegs, um zu rodeln oder auf dem kleinen Teich am Stadtpark Schlittschuh zu laufen.

Leo liebte diese Kinder und er kannte sie fast alle! Erstens lebte er seit seiner Geburt in dem Städtchen und zweitens begleiteten die Kinder ihre Eltern meist, wenn sie den Weihnachtsbaum aussuchten.

Da waren die Schwestern Inga und Karolina, deren Familie kaufte immer einen großen und edlen Baum, denn sie wohnte in einer Villa und hatte viel Platz.

Der kleine Maurits lebte bei seiner Oma und kaufte den Weihnachtsbaum immer ganz alleine, obwohl er erst neun Jahre alt war. Das war immer ein kleines, bescheidenes Tännchen, denn Maurits musste ihn ja selber nach Hause tragen. Leo gab ihm das Bäumchen stets etwas billiger, aber so, dass Maurits es nicht merkte.

Die Familie Larsson mit ihren sieben Kindern bekam den allergrößten Baum, weil doch für alle etwas dranhängen musste. Dieser Baum konnte ruhig schief sein, denn reich waren die Larssons nicht gerade. Es sah immer sehr lustig aus, wenn die Tanne nach Hause getragen wurde. Leo legte den Baum in den Schnee, dann hob ihn vorne an der Spitze die kleine Maya, dahinter ihr älterer Bruder Magnus und dann das nächstgrößere Kind und so weiter, bis schließlich Gustav, der Älteste, den schweren Stamm trug. Vorneweg lief die Mutter und hinten marschierte der Vater und gab Anweisungen: »Nicht so schnell,

Magnus! Gib acht, Maya und gerade halten!« Das war ein lustiges Spektakel und Leo konnte sich oft ein Lachen nicht verkneifen.

»Wie dieser Baum wohl geschmückt wird?«, fragte er sich. »Sicher kunterbunt mit vielen Äpfeln und Zuckerringen und Tannenzapfen und Strohsternen!«

Überhaupt stellte sich Leo oft vor, was aus seinen Bäumen wohl werden würde. Fast waren sie ja ein bisschen wie seine Kinder. Wie sie wohl am Weihnachtsfest aussehen würden? Elegant geschmückt mit silbernen Monden und Sternen? Oder einfach mit Wachskerzen und Anhängern aus Salzteig? Vielleicht hingen auch kleine Spielsachen und Schokolade dran. Oder gar goldene Nüsse, kleine Instrumente oder silbrig schimmerndes Engelshaar?

Es war der Heilige Abend, als Leo wieder einmal so versonnen an seinem
Stand saß. Alle Weihnachtsbäume hatte er schon verkauft, nur einen nicht.
Das war ein sehr kleiner Baum und nicht einmal besonders hübsch. Seine
Spitze war ein wenig verbogen und sein Nadelkleid eher spärlich.

»Ein bisschen mickrig bist du ja schon«, meinte Leo lächelnd, »aber mit
schönem Schmuck kann auch aus dir ein richtiger Christbaum werden.
Mit roten Kugeln würde ich dich schmücken, oben an die Spitze käme ein

goldener Stern. Und natürlich bekämst du auch Wachskerzen, die guten gelben, die so herrlich nach Honig duften.«

Während sich Leo gerade im Geiste sein Bäumchen ausmalte, näherte sich seinem Stand eine alte Frau, die er noch nie gesehen hatte.

»Hast du noch einen Baum für mich?«, fragte sie und lächelte Leo freundlich an.

»Nur noch diesen hier!«, antwortete Leo. »Aber ich weiß nicht, ob er dir gefällt!«

»Er ist genau richtig«, erwiderte die alte Frau, »was soll er denn kosten?«

»Ich schenke ihn dir!«, rief Leo. »Ist nicht heute Weihnachten? Und wenn du willst, trage ich ihn dir auch heim. Ist sowieso der letzte Baum und ich habe hier nichts mehr zu tun!«

»Danke für dein Geschenk«, sagte die Frau leise, »aber tragen kann ich ihn selber. Er ist ja nicht schwer und ich habe es nicht weit.«

»Wie du willst, aber warte, ich packe ihn dir etwas zusammen, dann trägt er sich leichter!« Mit einer dicken Schnur wickelte Leo das Bäumchen ein und reichte es dann der alten Frau.

»Noch mal vielen Dank«, meinte sie, »und frohe und gesegnete Weihnachten!«

»Dir auch!«, rief Leo und dann verschwand das Weiblein im dichten Schneegestöber.

»So, dann will ich mal nach Hause!«, beschloss Leo nun und rieb sich die kalten Hände. »Der Heringssalat wartet und auf ein Fläschchen Bier freue ich mich auch!«

Leo packte seine wenigen Sachen zusammen und machte sich auf den Weg. Der Weihnachtsbaumverkäufer wohnte nicht weit vom Marktplatz, ganz am Ende einer Gasse in einem kleinen Häuschen, das hatte nur ein Zimmer und oben einen winzigen Dachboden. Dort schlief Leo.

Alle Fenster in der Gasse waren erleuchtet und Leo hörte Kinderstimmen Weihnachtslieder singen, manchmal brummelte eine tiefere Stimme dazu.

Aber was war das?

Als sich Leo seinem Häuschen näherte, erblickte er auch dort einen schwachen, flackernden Lichtschein.

»Ich glaube, ich träume«, dachte Leo, »oder hat etwa jemand bei mir eingebrochen?«

Leise schloss Leo die alte grüne Holztür auf. Dann erstarrte er: Dort, in seinem gemütlichen Wohnzimmer, mitten auf dem Tisch stand ... der kleine Weihnachtsbaum! Der dünne, mit der gebogenen Spitze, den er als letzten der alten Frau geschenkt hatte! Leo erkannte ihn sogleich. Und doch, wie hatte er sich verändert! Reich und liebevoll geschmückt war er, mit roten, schimmernden Kugeln, einem goldenen Stern an der Spitze und herrlich duftenden, gelben Kerzen. Genauso, wie er ihn sich vorgestellt hatte! Wie er ihn sich insgeheim gewünscht hatte.

Langsam setzte sich Leo in seinen alten Sessel. Er vergaß den Herings-salat. Er vergaß das Bier. Er dachte nicht einmal daran, das Radio einzu-schalten. Glücklich schaute er sein Bäumchen an. Sein erstes Weihnachts-bäumchen.

Draußen läuteten von ferne die Kirchenglocken. Vor den Fenstern fiel lautlos der Schnee.

Und das war Weihnachten. So innig und tief, wie er es noch nie emp-funden hatte. Weihnachten mit seinem Licht. Mit seiner Stille. Mit seinem Duft. Weihnachten mit seinen Wundern.

Quellenverzeichnis

Sofern nicht anders vermerkt, liegen die Rechte der in diesem Band abgedruckten Geschichten beim Thienemann Verlag (Thienemann Verlag GmbH), Stuttgart.

Marliese Arold: *Die Weihnachtspiraten*, © bei der Autorin

Kirsten Boie: *Der Heilige Tag*, erschienen in: *Alles ganz wunderbar weihnachtlich*, © Verlag Friedrich Oetinger, Hamburg 2006

Kirsten Boie: *Jule ist verschwunden*, erschienen in: *Alles ganz wunderbar weihnachtlich*, © Verlag Friedrich Oetinger, Hamburg 2006

Julia Breitenöder: *Die Weihnachtspalme*, © 2009 bei der Autorin

Petr Chudožilov: *In einer frostigen Winternacht*, aus: Petr Chudožilov: *Zu viele Engel. 19 absolut wahre Geschichten.* Aus dem Tschechischen von Susanna Roth, © 1994 Carl Hanser Verlag, München

Cornelia Funke, *Das erste Fenster*, Aus: dies., *Hinter verzauberten Fenstern. Eine geheimnisvolle Adventsgeschichte.* © S.Fischer Verlag GmbH, Frankfurt am Main 1995

Sigrid Heuck: *Ein Weihnachtsbrief*, © bei der Autorin

E.T.A. Hoffmann: *Nussknacker und Mausekönig*, aus: E.T.A. Hoffmann/Regina Kehn: *Nussknacker und Mausekönig*, Thienemann Verlag GmbH, Stuttgart 2006 *Nussknacker und Mausekönig* von E.T.A. Hoffmann erschien erstmals 1816. Der hier abgedruckte Text ist eine bearbeitete Fassung von Sonja Hartl.

Luise Holthausen, *Der erste Stern am Himmel*, © bei der Autorin

Max Kruse: *Eine Christnacht in München*, © beim Autor

James Krüss: *Schildkrötensuppe,* aus: *Weihnachten auf den Hummerklippen,*
© 2008 Boje Verlag in der Bastei Lübbe GmbH & Co. KG

Annette Langen: *Geheimplan im Advent,* © bei der Autorin

Marjaleena Lembcke: *Die Nase des Schneemanns,* © bei der Autorin

Paul Maar: *Weihnachtsüberraschungen,* © beim Autor

Christine Nöstlinger: *Die große Gemeinheit,* © bei der Autorin

Mirjam Pressler: *Bärenwünsche,* aus: *Leselöwen-Gutenachtgeschichten,* illustriert
von Ute Krause © 1998 Loewe Verlag GmbH, Bindlach

Otfried Preußler: *Glatte Rechnung,* aus: Otfried Preußler: *Der Engel mit der
Pudelmütze,* Thienemann Verlag GmbH, Stuttgart 2006

Sabine Rahn: *Stiefel für den Nikolaus,* © bei der Autorin

Ulrike Sauerhöfer: *Leo, der Weihnachtsbaumverkäufer,* aus: *Esslingers Erzählungen. Eine Weihnachtsreise um die Welt,* © 2008 bei Esslinger Verlag J. F. Schreiber
GmbH

Ursel Scheffler: *Ayshe und der Weihnachtsmann,* © Ursel Scheffler, Kinderbücher,
www.scheffler-web.de

Edith Schreiber-Wicke: *Die Lebkuchenkatze,* aus: Edith Schreiber-Wicke/Carola
Holland: *Schnurrige Weihnachten!,* Thienemann Verlag GmbH, Stuttgart 2002

Hermien Stellmacher: *Das Weihnachtswunschgeheimnis,* aus: Hermien Stellmacher: *Das Weihnachtswunschgeheimnis,* Thienemann Verlag GmbH,
Stuttgart 2004

Ingrid Uebe: *Noch ein bisschen Geduld!,* aus: *Der kleine Brüllbär feiert Weihnachten,* © bei der Autorin

Ursula Wölfel: *Die Geschichte von den Weihnachtsgeschenken,* aus: Ursula Wölfel:
Das Lachkind und 99 andere ausgewählte Geschichten, Thienemann Verlag GmbH,
Stuttgart 1993

vamos

Eltern-Kind-Reisen | Zeit für mich – Zeit für dich

*ZEIT FÜR MICH –
ZEIT FÜR DICH!

Illustration: Philip Waechter